BEIJING SHEHUI JIANSHE
YANJIU YU TANSUO

北京社会建设
研究与探索

中共北京市委社会工作委员会　组编

中国人民大学出版社
·北京·

目　录

北京社会建设现代化水平分析与战略思考

李晓壮

北京市社会科学院社会学所

一、北京社会建设总体正处于中级水平迈向高级水平阶段

现代化是一个动态发展的过程，是分阶段推进的，不同的阶段显现出不同的现代化水平。根据发达国家的实践，现代化大体上可以分为三大阶段、三级水平。(1) 起步阶段、初级水平：现代化发轫初期大体上是从农业社会进入工业化初期，多数国家的社会生产力水平低，物质匮乏，物产短缺，因此以经济发展为主导、满足人们的基本物质生活需求成为这一阶段现代化建设的主要任务。经济建设优先于社会建设，有其合理性（在新中国成立初期，现代化是以国家全能主义的面目出现的，以政治手段推进经济现代化，造成了严重的经济政治后果）。(2) 中期阶段、中级水平：进入现代化的中期阶段，经济高速增长，生产力落后状况得到显著改善，人们温饱问题得到基本解决，对物质生活以外的精神文化、政治文明、生态文明的需求越来越迫切。同时，前一时期的经济增长使得社会建设一度滞后，在有的国家或地区，这一滞后局面非常严重，出现了很多问题，因而促进经济社会相互协调发展成为这一阶段现代化的主要任务。(3) 后期阶段、高级水平：进入工业化后期，经济发展达到较高水平，人们生活水平比较殷实，对社会全面发展提出了越来越高的要求；虽然经济发展依然是基础，但是经济发展将服务于社会全面发展即人的全面自由发展的目标，富强（经济方面）、民主（政治方面）、文明（文化方面）、和谐（社会方面）、宜居（生态方面）成为现代化建设的主调。

（一）社会现代化的三大阶段和三级水平划分

对于现代化而言，一般有一套指标体系来测量其阶段性水平。这方面著名的

有20世纪60年代美国社会学家英格尔斯的“人的现代化”研究①，国内有中国科学院何传启等学者连续主持的“中国现代化研究”课题。笔者根据社会建设的领域体系内容，设计了一套社会现代化的指标体系（见表1），用来衡量和划分社会现代化的发展阶段和不同阶段的水平。根据“当代中国社会结构变迁”课题组在全国各地的调查，在定性研究基础上，笔者提出社会现代化（社会建设指标体系）的主要指标有：（1）反映民生事业现代化水平的人口平均预期寿命等；（2）反映社会事业现代化水平的人均受教育年限等；（3）反映社会组织现代化水平的每万人社会组织数量等；（4）反映社区现代化、社会结构现代化水平的城市化率即城市人口占总人口的比重、中产阶层占就业人口的比重、基尼系数等；（5）反映社会管理现代化水平的社会信息化率、公众安全感等；（6）反映社会规范现代化的社会诚信的公众满意度等。这6类指标基本上能涵盖和体现社会建设各方面的现代化水平。在此基础上，参照发达国家经验，可将社会现代化大体分为三大阶段、三级水平。

表1　北京社会建设的指标体系及阶段性衡量水平（27个具体指标）

分项	具体指标	起步阶段水平	中期阶段水平	后期阶段水平
民生和社会事业	民生投入占一般财政总支出比	≤30%	30%～50%	≥50%
	每万人大专以上学历人数（人）	≤1 000	1 000～5 000	≥5 000
	人均受教育年限（年）	≤9	9～15	≥15
	每万人发明专利数（项）	≤5	5～20	≥20
	人口平均预期寿命（岁）	≤60	60～78	≥78
	每万人执业（助理）医师数（人）	≤10	10～30	≥30
	城乡居民养老保险覆盖率	≤30%	30%～90%	≥90%
	城镇人均住房建筑面积（平方米）	≤10	10～40	≥40
社区社会组织和社会管理	单个社区居民数（人）	≥10 000	6 000～10 000（含6 000）	2 000～6 000（含2 000）
	每万人社会组织数（个）	≤10	10～50	≥50
	每万人持证社会工作者数（人）	≤5	5～15	≥15
	第二、三产业每万人劳动争议案件数（件）	≥10	5～10	≤5
	亿元GDP安全生产事故死亡率	≥0.2%	0.1%～0.2%	≤0.1%
	每万人刑事案件立案数（件）	≥50	20～50	≤20
	食品药品安全的公众满意度	≤60%	60%～85%	≥85%
	（三等分）公众的综合安全感	（强+较强）≤70%	（强+较强）70%～90%	（强+较强）≥90%
	（互联网覆盖）社会信息化率	≤30%	30%～70%	≥70%

① 朱庆芳，吴寒光．社会指标体系．北京：中国社会科学出版社，2001：27.

续前表

分项	具体指标	起步阶段水平	中期阶段水平	后期阶段水平
社会结构	城市化率	＜50%	50%～80%	≥80%
	中产阶层占就业人口比重	≤30%	30%～60%	≥60%
	城镇登记失业率	8%～10%（含8%）	4%～8%	≤4%
	第三产业从业者占就业者比重	≤30%	30%～50%	≥50%
	城乡居民收入比	3∶1～5∶1	≤3∶1	≤2∶1
	基尼系数	≥0.45	0.4～0.45（含0.4）	0.3～0.4（含0.3）
	居民恩格尔系数	≥60%	30%～60%（含30%）	20%～30%（含20%）
社会规范	司法公正的公众满意度	≤70%	70%～80%	≥90%
	干部作风的公众满意度	≤70%	70%～80%	≥90%
	社会诚信的公众满意度	≤70%	70%～80%	≥90%

注：本表指标经过严格筛选，并根据各阶段的水平数据、全国实地调查数据和国外标准估测而得。

1. 社会现代化起步阶段、初级水平状态

此阶段社会现代化基本状况：经济发展正在进入工业社会中期阶段。经济高速增长，但民生水平低，福利保障体系不健全，社会事业建设比较落后；社会风险急剧增加，社会管理依靠传统“管控”手段，有法不依、执法不严，管理失序，社会失范，价值观多元而紊乱，社会组织发育程度低，城乡社区建设不足，居民素质不高，民主参与意识低，人们的安全感很弱；居民收入分配差距悬殊，恩格尔系数很高；城乡差距一度扩大，农业劳动力偏多，工业化率高而城市化率低，第三产业从业人口比重相当低，中产阶层人数少。

此阶段社会建设需要突破解决的问题：保障和改善民生事业，加强和创新社会管理。先从人民群众最关心、最现实、最紧迫要求解决的民生事业、社会事业建设抓起，着力解决好就业难、上学难、看病难、住房难、养老难、社保水平低等生存权和发展权问题，并从加强和创新社会管理入手，解决影响社会和谐稳定的突出问题，化解社会风险，加强源头治理，标本兼治，最大限度地防止和减少社会矛盾的产生，最大限度地增加社会和谐因素，促进社会公平正义。

2. 社会现代化中期阶段、中级水平状态

此阶段社会现代化基本状况：经济发展已经进入中后期阶段。随着工业化加速发展，经济增速仍然在中高位运行，民生水平、社会福利保障、社会事业有一定的发展；社会管理手段不断更新，管理更加科学，社会组织加快培育发展，现代社会规范亟待重建整合，社会风险有所减少，人们的安全感逐步增强；贫富差距缩小，消费结构趋于现代化；城乡差距逐步缩小，城市化水平不断提高，第三产业人口、中产阶层比重加速增长，现代文明社会秩序逐步推进，和谐宜居生活环境逐渐形成。

此阶段社会建设需要突破解决的问题：要着力推进社会体制改革，创新社会政策。拓宽社会流动渠道，持续完善民生、社会事业体制，彻底解决城乡二元结构和城市内部二元结构难题，提高城市化质量，逐步实现城乡均衡一体化发展；中产阶层队伍持续壮大，形成一个合理稳定的社会结构，逐步形成一个与社会主义市场经济体制相适应、相配套的社会体制；大力推进社会管理、社会组织、社区现代化，重建符合现代社会的价值体系和行为规范。

3. 社会现代化后期阶段、高级水平状态

此阶段社会现代化基本状况：经济发展已经进入工业化后期或后工业社会阶段（21 世纪初，首都北京经济结构总体已经达到后工业社会阶段，形成现代型的经济结构，处于工业化后期水平），社会体制基本完善，社会现代化基本实现。经济增速低缓平稳，民生水平、社会福利保障、社会事业基本完善；社会管理体系基本健全，管理趋于常规化、精细化、科学化、人性化，社会组织广为发展，参与各项社会事业建设的积极性空前高涨，基本适应社会主义市场经济发展，现代社会规范基本确立，人为的社会风险降到很低程度，社会抗风险能力增强，人们普遍感觉社会安定；收入分配相对合理，消费水平基本恒定；城乡均衡一体化实现，城市化水平接近极限，城市化发展速度显著减缓；社会流动渠道通畅，上升空间可见，第三产业人口、中产阶层比重占绝大多数，与社会主义市场经济体制相适应、与现代经济结构相协调的现代社会结构和现代文明社会秩序基本形成，建成了“民主法治，公平正义，诚信友爱，充满活力，安定有序，人与自然和谐相处”的社会主义和谐社会。

此阶段社会建设需要突破解决的问题重点是：各种社会体制的制度化，并按照实际需求，动态地做出调整。

当然，这三个阶段并没有一个截然分开的界限，将会是互有交叉地螺旋式上升状态，只是某一阶段凸显某一方面工作的重点。根据一般发展经验，社会现代化进入中期以后，经济社会协调发展是主旋律，以此可以促进现代化均衡推进、较为顺利地迈向更加高级的社会发展阶段。

就首都北京而言，从系统论的角度看，可以将其一分为二，从两个系统层面来分析。首先，如果将北京的区域结构看作一个系统，各个区被看作这个系统中的要素，那么，各个区的现代化构成首都北京整体的现代化水平，如果哪一个区没有达到现代化，都不能称首都北京已经达到现代化水平。我们以北京延庆区为例，改革开放以来，特别是20世纪90年代以来，该区未曾经历工业化阶段，直接进入以生态文明建设为特征的发展阶段。需要指出的是，北京延庆区这种超越发展阶段的发展在世界一些国家或地区是出现过的（比如新加坡），但是与我们的情况不同的是，别国的发展无论在哪一个方面都达到了真正的后工业化社会水平，而北京延庆区仅是人民群众生存自然环境达到了所谓的后工业化社会水平，但人民群众的生活水平仍然处于农业社会发展阶段的那种状态。显然，我们不能说北京延庆区已经实现了社会现代化，甚至是实现了社会现代化的高级阶段。同样，北京其他区不同地域也存在这样类似的问题。就现代化特征和区域结构发展而言，已经形成梯度化的现代化发展格局。因此，从这个角度来看，北京并没有实现整体的社会现代化。其次，如果我们把首都北京的社会看作一个系统，那么经济、政治、文化、社会、生态建设可被看作这个系统中的要素，即这五个方面要素的现代化构成北京整体的现代化，如果五个方面的哪一个方面要素没有实现现代化，都不能称首都北京已经实现了现代化。正如笔者上文所述，当前的北京从经济要素来看，已经从总体上进入了后工业化社会的发展阶段，但其他要素，特别是社会要素还处于工业化社会的初、中期发展阶段。由此，综合分析，笔者将首都北京经济建设定位为总体已经进入经济现代化的高级水平阶段，而社会建设定位为总体正处于社会现代化中级迈向高级水平的阶段。笔者认为，如果不能有效扭转经济社会发展的不平衡、不协调的局面，就不能一劳永逸地摆脱社会矛盾和问题凸显的困局，推进首都北京整体现代化也将难上加难。

（二）目前北京各项社会建设多处于中级水平

如前所述，目前首都北京各项经济发展指标已经进入工业化后期阶段，北京已经进入现代化国际大都市行列，但从各项社会建设指标看，并不乐观。

1. 民生、社会事业方面多处于中级水平

2010年，北京民生、社会事业投入不到40%，其中用于改善交通、环境等领域的投入占GDP很大比例。北京教育经费投入占GDP不到3.2%，长期低于GDP的4%（2010年北京财政支出教育经费450.22亿元，当年GDP为14 113.6亿元）。剔除中央投入，北京R&D（研究与试验发展）投入占GDP只有1.6%，不到GDP的2%（2010年，北京R&D经费内部支出总计8 218 234万元，其中中央投入为5 958 775万元，地方投入为2 259 459万元，中央和地方之比为2.6∶1，分别占R&D经费的72.50%、27.50%）；按地方R&D投入与地区国内生产总值相比较，仅占1.6%。医疗卫生费用居民个人分摊高，医疗卫生经费投入占GDP只有1.32%（医疗卫生经费财政支出186.82亿元）。每万人大专以上学历者为3 149.9人，人均受教育年限为11.5年，户籍人口平均预期寿命80.3岁（若按常住人口计算，寿命应低于此水平）。每万人授权专利17.09项，其中每万人发明专利授权仅为5.7项。每万人执业（助理）医师32.12个，城乡居民养老保险制度全覆盖（按常住人口计算，覆盖率应不超过80%），人均住房建筑面积达25.98平方米。总体来看，目前民生、社会事业最大的问题：一是总量投入不足；二是此类资源机会配置结构极不合理，民生资源过度聚集（例如仅在北京王府井1公里范围内就有协和医院、同仁医院、北京医院、北京医科大学附属医院4家三甲级医院，而北京16区中有11个区无三级医院）；三是享受人群覆盖范围过窄，大多民生资源仅按户籍人口覆盖而非实有人口；四是政绩工程明显，民生口号提得多，民生文件出得多，民生工作落实得少，而且回应“民声”做的功课还很不够。

2. 社区、社会组织、社会管理方面多处于初级水平

2010年，北京城镇人口1 685.9万人，共有城市社区2 717个，平均每个城市社区容纳6 205人左右，而城市社区工作人员相当少，北京市民政局相关文件规定，社区工作人员数量是根据社区户数配比，但是实际每户居住人口数都要比统计意义上的家庭人口数多，这主要是流动人口等因素影响的结果；北京每万人（登记注册）社会组织数仅为3.47个，比一些发展中国家还要低很多①；每万人持证社会工作者大约4人；第二、三产业每万人劳动争议案件数为23.15件；亿元GDP安全生产事故死亡率为0.96%，每万人刑事案件立案数为53.2件。

3. 社会结构发育多数还不成熟

2010年，北京名义城市化率达到85.6%，但是剔除居住半年以上，特别是700万左右农民工，实际城市化率仅有68.1%，名义城市化率与实际城市化率相差约17.5个百分点②。2010年北京社会建设分析报告认为，北京中产阶层（占就业劳动者）比重约为40%③。2010年，“中国综合社会调查”（CGSS）显示，基尼系数已经突破0.5，据此推断，北京基尼系数应高于全国水平。城乡居民收入差

① 李晓壮．北京市社会组织的发展研究．北京社会科学，2011（3）．

② 李晓壮．全面建成小康社会差距轴心的社会结构分析．商业时代，2013（36）．

③ 陆学艺．2010年北京社会建设分析报告．北京：社会科学文献出版社，2012.

距为2.19∶1，恩格尔系数为31.93%[①]。第三产业从业人员占就业劳动者的74.4%，但是，批发与零售业、租赁和商务服务业的从业人员数量就占第三产业从业人员的30%以上，就业结构质量较低，城镇登记失业率为1.37%。

4. 现代社会规范尚未形成，社会体制很多还不完善

居民对政府行为的满意度、社会诚信满意度、司法公正满意度，在很多地方都处于初级向中级的过渡状态；社会体制中，城乡二元体制、户籍体制、农民工体制等几个颇具中国特色的体制障碍在首都北京的特殊环境下具有更加强大的杀伤力。

以上指标分析可以看出：(1) 北京社会建设有很好的基础，有少数几个指标如人口平均预期寿命、每万人执业（助理）医师数、亿元GDP安全生产事故死亡率、(互联网覆盖) 社会信息化率、第三产业从业者占就业者比重、城镇登记失业率，已经进入高级水平；但大多数指标如每万人大专以上学历人数、每万人社会组织数、城市化率、中产阶层占就业人口比重、基尼系数、居民恩格尔系数，还远没有得到很好的优化调整，处于初中级水平状态，制约社会现代化发展。(2) 与发达国家进入工业化后期阶段时相比较，北京很多社会现代化指标远远低于它们那个时段的实际水平。(3) 目前北京社会现代化存在区域不平衡、行业不平衡等问题。

综合来看，目前北京的社会建设、社会现代化总体正处于从中级向高级水平迈进的阶段。迈向高级阶段的时间也许是10年，也许会更久，这还要看社会建设思路是否正确、社会改革是否对头、社会政策是否得当。

二、当前北京社会建设滞后的社会原因

社会建设长期滞后于经济发展，社会现代化不能成为经济现代化、政治现代化、文化现代化、生态文明现代化的“桥梁”和“依托”，将会制约整个北京的现代化发展。分析首都北京社会建设滞后于经济发展的社会原因要考虑这样的条件因素，即每个历史时段都有它显著的历史性标志事件或关节点，能够让我们清晰地观察到当时事件的一些映象。同时，每个历史时段所展现出来的事件映象都

---

① 20世纪80年代，世界粮农组织认为：恩格尔系数50%～60%为温饱型，40%～50%为小康型，20%～40%为宽裕型；人均GDP在3 000美元左右时，居民恩格尔系数应为30%左右比较合理，但是，北京人均GDP已经超过10 000美元，但居民恩格尔系数仍然在30%左右。

会在很大程度上触及全社会的剧烈变动。为此，首都北京社会建设滞后于经济发展的社会原因必须以国家发展史为料，综合分析。总体来看，北京社会建设长期滞后的社会原因可以归纳为四个方面。

（一）从“极端政治理性”转向“极端经济主义”，诱发新的社会风险

新中国成立初期，为了巩固新生的政权，实施阶级斗争路线有其合理性，但到了社会主义建设时期，依然奉行“以阶级斗争为纲”的“极端政治理性”（极左），必然酿成严重后果：窒息经济社会发展活力，干部人事工作方面诱发了大量“冤假错案”，经济建设方面诱发了负增长，人民生活入不敷出。经过1978年“拨乱反正”，以经济建设为中心的路线取代了“以阶级斗争为纲”，首都经济活力开始显现，社会分化逐步加快。1985年城市改革全面展开，国有企业改革进入“快车道”，此后民营经济加速发展，城乡人口流动加快，人们的生产积极性大大提高，生活状况逐步改善。1992年邓小平南方谈话以后，股份经济、民营经济蓬勃发展。之后，随着国有企业下岗分流、财税制改革、中央和地方分权，首都经济增长效益和质量大大提高，但接下来的是，社会分层逐渐明朗，贫富差距日益显现，新的社会风险急剧显露：为了发展经济，资源超前“透支”，环境严重污染、破坏，安全事故频发；因土地房屋拆迁，群体事件、群众上访大量出现；社会领域出现了财富过度集聚在社会上层、广大劳动群众仅享有少部分改革成果、收入分配差距悬殊等状况。

20世纪90年代中后期以来的高风险，多是人为“压力型体制”下实行“GDP主义”考核机制造成的①。如从《中国统计年鉴》看，近年财政收支结构不合理：财税收入结构中，地方政府财税收入仅占40%，中央税收却取得60%；但是，支出结构中，中央财政支出仅占20%，而地方财政支出却占80%。地方人口众多，承担大量基层事务，即地方政府要用40%的财力来负担80%的支出。这种财税体制无疑会导致“逼良为娼”，加上长期以来干部选拔是一种“压力型体制”，以“GDP主义”考核机制为手段，官员没有GDP政绩，就难以晋升，因而地方政府依靠“土地生财”一方面弥补经费短缺，一方面提升政府官员的政绩，由此引发诸多社会问题和矛盾，政府公信力严重缺失。

计划生育政策推行30多年，加上农村剩余劳动力举家进城，导致农村小学

---

① 荣敬本，崔之元，何增科，等．从压力型体制向民主合作体制的转变：县乡两级政治体制改革．北京：中央编译出版社，1998.

生大量减少。2010年在北京延庆区实地调查得知，新农村建设以来，教育部门为了“整合资源，经济办学”，误用国家政策，放弃“就近上学”原则，大量“撤点并校”（从2006年到2012年，北京教育机构中中学减少109所、小学减少322所、幼儿园减少95所），其结果是小孩（年龄很小）要么寄宿住校，要么每天远行跋涉或用车接送。前者因为小孩太小无法照顾好自己，则只好采取后者，而有的地方有固定校车，有的是几家小孩拼车，农村的车况路况和司机驾驶技术都不足以胜任这样的繁重任务，极易导致交通事故。上学难的问题迟迟得不到有效解决，科学合理的解决措施还是要加大小学生校舍、师资建设的投入，尽量坚持“就近上学”原则。

再如，社区管理、公共服务方面也同样存在“GDP主义”思维。据笔者调查，随着政府职能转变加快，社区居委会所承担的条条块块的行政负担逐年加重，“上面千条线，下面一根针”。据北京海淀区中关村街道负责人说，“粗略统计，社区居委会一年的行政事务工作量超过130多项”。另据该街道某社区居委会主任介绍，“想干老有活，24小时连着干都干不完，所以社区居委会这个活儿只能凭着良心干”。“今年赶上北京市第三次全国经济普查，从年初上级布置任务，现在还没忙完。”（笔者根据对北京海淀区中关村街道及所属社区居委会负责人的访谈资料整理。）另外，一些街道管理的人口已经达到20万～30万人（现在街道或社区人口是实有人口的概念，不是统计意义户均人口概念），有的街道人口更多，相当于一个中等城市，但是只有几十个公职人员或者一个派出所来管，要管理这么多人，怎能管好？街道、社区人口大量增加，但行政上还是原来的区划和建制，很难实施有效管理，更难形成“熟人社区”，缺乏公民间的交流和互助，社区自治难以实行，基础不稳不牢，社会问题就会层出不穷，这也是刑事犯罪多、社会治安差的一个重要原因。其根本在于扭曲了“小政府、大社会”思想，或者说是对政府管理“低成本、高效率”思路的矫枉过正。其实，政府公职人员的编制和经费要视具体情况而定，不能搞一刀切。

（二）垄断性结构和体制性障碍钳制社会自身建设及其功能发挥

中国市场化是一种政府主导下的市场经济，目前的问题是：经济市场化严重不足，而政治市场化、社会市场化却过度膨胀。这与中国国情和历史有关，首都北京也不例外。政府全能主义的一个具体表现即集权；分权制改革后，地方政府内部产生了地方集权。与计划时期的意识形态化和权力强制不同，市场化条件下的集权则主要是经济利益集权。集权体制的“后遗症”是经济领域过多地渗透政治权力因素，相反，政治、社会领域则过度地渗透了市场化的利益交易，也即政治权力和经济利益相互嵌入和侵蚀，结果是“政治市场化”和“市场政治化”并存，使得资源机会过度集中于政府上级和社会上层，形成了垄断性的结构力量，钳制了“社会”本身的发育成长。

第一，垄断性结构左右社会资源机会的调配，影响社会现代化进程。一方面，本该由企业单独发展和提供的公益事业、公共服务和社会管理，却处处能看到政府及其官员在干预或捞取自我利益，结果形成官商勾结、权贵经济，经济市场化严重不足，也就难以满足多层次的民生需求。另一方面，政治市场化、社会市场化相当突出，一些政府及其官员在公共服务和公共管理方面，不是秉承服务伦理，而是盛行自利伦理，与民争利，诱发政企之间、官民之间产生人为设置的“政治市场化”交易①，更主要的是官商之间、官官之间进行各种各样的权力寻租和追租，形成“攫取财富的阶级”和“无创新性财富积累的土豪”两大利益群体②。《大学》曰：“财聚则民散，财散则民聚。”改革开放 40 年来，通过财税体制改革，实际上已经实现从“民富”到“国富”的转变，政府及其官员与社会富裕上层之间很容易为了维护既得利益达成合谋，使得公共服务、社会管理成为他们的谋利手段。比如，所谓强拆强建事件的发生，更是政治市场化对居民住房、民生的侵蚀和剥夺。

第二，对于社会中下层的“体制性排斥”和“结构性排斥”越来越明显。如就业方面，体制内编制的员工与内部劳务派遣工之间处处存在“不同工更不同酬”（派遣工干的是脏累差险活儿，拿到的却是最低档次工资）。此外，一方面，体制内单位不断裁员；而另一方面，体制外就业者无法通过就业增收，结果公共资源机会多被体制内职工垄断和占取。社会正常合理的上向流动形成梗阻，现代化的社会结构发育缓慢。

第三，由于上层结构性力量的左右，底层维权也相当艰难。比如近年来，在城市社区逐渐形成争取合法权益的业主与违法侵占业主合法权益的房地产商利益集团两个相互冲突的群体，冲突的焦点是小区共用部位产权问题。受北京市“级差地租”影响，小区共用部位产权会带来相当可观的经济收益，是一块很肥的“唐僧肉”。房地产商、物业服务企业看准了这一点，利用手中的强势资源，掩盖事实真相，侵占业主合法权益，违法经营共用部位获取垄断利润，而与其有牵连

---

① 颜烨．中产主义：社会建设突围政经市场的核心议题．战略与管理，2011（2）．

② 边燕杰．市场转型与社会分层：美国社会学者分析中国．北京：三联书店，2002.

的政府相关工作人员从中获取“租金”[①]。共用部位经营收益对小区设施设备维修、养护、更新具有重大意义。一些房地产商利益集团从建设到管理全方位、全过程地侵犯业主合法权益，而政府一些公职人员私用公权力，阻碍业主合法维权，冲突不断加剧。这中间必然伴随着政府官员尤其是城建规划官员以及部门等与房地产开发商之间的合谋，进而出现“乱作为”“不作为”问题。

第四，政府钳制了社会组织的发育及其功能。由于长期推行全能主义政府主导，政府、市场、社会三者关系处于过度失衡状态，首都北京社会组织发育很不充分，而且其发展还受到意识形态的控制。与发达国家平均每万人 50 个以上社会组织、发展中国家每万人 10 个以上社会组织相比，2010 年北京每万人社会组织数仅为 3.47 个，与当前的经济社会发展水平还有相当大的差距，有着很大的发展空间，而且社会组织也存在多而散、能力不够、内部结构不合理、运行不规范等问题，公民社会、能动社会建设非常弱[②]，难以发挥其应有的公共服务、社会治理功能。一方面，导致社会组织存在“外部问题内部化”与“内部问题外部化”的双重困惑[③]；另一方面，政府过多承担社会事务，压力大、任务重、成本高，管得多，也管不好，该管的也没管好，还人为制造了许多新的社会风险，这就体现出了体制性障碍对社会现代化进程的影响。

（三）对经济社会发展尤其城市化规律的认识不足，社会建设和管理政策失误较多

由于在工业化初、中期，政府的主导作用非常明显，群众民主参与决策程度很低，领导者的思想价值观念、知识结构、面子心理对经济社会决策有着显著的领导“群体思维”的影响；这种群体思维在市场化条件下，还夹杂着过多的自我利益、自我荣誉观念，导致决策失误失当的现象突出。因此，社会建设长期滞后于经济发展，与当前各级领导的现代理念、政策规划缺失也有很大的关系，即其对社会变迁规律认识不足，经济社会协调发展的顶层规划设计失误、失当较多。

比如，一些政府领导人因为知识结构不完善和观念取向等原因，做什么事都

---

① 卢现祥．寻租经济学导论．北京：中国社会科学出版社，2000.

② 在波兰尼那里，“公民社会”是针对政府过于强大而言的，“能动社会”是针对市场过度侵蚀而言的。——Karl Polanyi. The great transformation：the political and economic origins of our time. New York：Rinehart，1944.

③ 具体意思是指民间组织的外部政策及环境限制其发育壮大，以及外部监管机制缺失，结果导致组织内部资源机会紧张和工作失序；而组织内部的功能紊乱却转嫁给了外部的相关受众，如民办高校为了维持生存乱收费、乱发文凭等。

固守着 GDP 思维，做什么事都使用行政命令，做什么事都“想着上面不看下面”。北京 95%以上的三甲医院集中在东城、西城、朝阳三个城区，而这三个区恰恰是政治精英、商业精英、社会精英聚集的地区。但是，据笔者调查，这些区域的医院仍在搞扩建。

又如，收入分配的顶层设计曾长期推行“效率优先，兼顾公平”政策。当初强调一次分配的价值，主要是要打破平均主义“大锅饭”，调动人们的积极性，但由于缺乏配套性合理调节机制，如税收、社会保障等二次分配政策没有及时跟进，结果长期推行这一权宜之计产生了一种“制度惯性”，导致居民收入差距越拉越大。

再如，空间平等问题也比较突出，城乡之间、东中西区域之间的社会资源机会配置不均衡，首都北京已经形成了梯度化的“圈层”格局。优质学校、三甲医院等多集中在市中心区，而郊区、边缘地带的民生资源却相差很多，“中心地带”捆绑着土地价格和服务价格，人为造成土地的“级差地租”效应，造成中心区地段价格高昂的“挤压效应”，一时导致上学难上学贵、看病难看病贵等问题。

（四）政府间的部门利益协调性弱化，社会规范或缺失或冲突

在市场化利益追逐中，政府一些部门对社会公共事务的协调性越来越弱化。如北京城区规划中部门利益分割越来越严重，协调性越来越差，还夹杂着官商勾结对居民利益的侵蚀，因而使得设计规划乱象突出；有规划，无落实，政府行为规范性太差，百姓对政府的信任度比较低。

除了因为政治市场化导致政府失信于民外，人与人之间的社会诚信和社会规范同样严重缺失或冲突。在市场化转型时期，一方面，旧有规范如“名分”式的传统等级权威治理失效，而适应市场发展的，饱含民主平等、自由竞争的新规范却没有成型，社会一度存在社会规范“真空”，或者旧规范与新规范相互冲突，人们无所适从。另一方面，社会结构性失衡导致资源机会过于集中在中上层，而广大中下层资源机会匮乏，社会保障等民生资源不足，消费水平却同时被上层社会拉高，基本生存与消费攀高的压力同时增大，人的“本体性安全”受到严重威胁①。

---

① “本体性安全”（ontological security）是指社会主体对其日常社会行为及其程序有着可预期的信任状态，即自信有能力熟悉、掌握和控制与自身生存有关的社会行为模式。

三、加快推进北京社会建设的战略性思考和建议

从以上分析看，针对当前首都北京经济社会发展不平衡、不协调，社会建设内部本身存在的问题，以及今后一段时期经济社会发展的趋势，特提出加快推进北京社会建设的战略性思考和建议，以供参考。

(一) 着力点：以城市现代化和中产阶层壮大为主线，抓好各项社会建设

21世纪之初，美国著名经济学家斯蒂格利茨断言，21世纪对世界影响最大的有两件事情：一是高科技带来的产业革命，二是中国的城市化[①]。近年，世界银行的一份报告也指出，经历国际一体化后，一些东亚国家进入中等收入国家行列，需要区域一体化来推进增长，而且面临着第三种一体化——国内一体化的严重问题——城市拥挤、腐败、缺少社会凝聚力等问题[②]。以此为论点，针对首都北京市情，笔者认为今后一段时期，必须围绕破解两个（城乡之间、城市内部）二元结构难题、提高城市化质量、壮大中产阶层这条主线，抓好各项社会建设。

1. 破解城乡二元结构、实现城乡一体化，是北京特色社会建设必由之路

五十多年来，以户籍制度分割为核心的城乡二元结构，导致资源机会的配置集中于城市、城市剥夺农村、城市优先发展、市民优先得到保障的局面，尤其是改革开放以来，这种困局反而在市场化作用下得到强化，加之首都特点，城乡二元分割所产生的问题相当严重。进入新世纪，中共十六大提出要“统筹城乡经济社会发展”，十六届三中全会提出要“建立有利于逐步改变城乡二元经济结构的体制”，十七大提出要“建立以工促农、以城带乡长效机制，形成城乡经济社会发展一体化新格局”，十八届三中全会指出“城乡二元结构是制约城乡发展一体化的主要障碍”，“健全城乡发展一体化体制机制”，力图从制度上根本解决这个二元难题，逐步推行城乡资源机会平衡发展、一体发展。

在北京实践中，率先完成新农村建设任务，推进教育、医疗卫生等公共服务均等化，加大农村社会保障投入力度，促进农村劳动力转移，户籍制度改革稳中

① 斯蒂格利茨．经济学．2版．北京：中国人民大学出版社，2000.

② 吉尔，卡拉斯．东亚复兴：关于经济增长的观点．北京：中信出版社，2008.

有进，城乡民生事业、社会事业发展、公共服务不均衡状况得到明显改善，城乡体制改革、经济社会协调发展和社会现代化建设取得明显成效。比如，北京市一些基层政府通过实行经济职能和社会职能分离、政治职能和社会职能分离、决策权与执行权分离，以“恳谈会”“走读式工作法”“预约式服务”等模式决定公共服务、公共产品供给和社区管理，成功地推进了基层治理体制机制创新，“民生促民主，民主保民生”效果显著，呈现出“农业好了，工业更好”“农村好了，城市更好”“社会好了，经济更好”的大好局面。实践表明，如果不扎实推进城乡统筹改革，不填平城乡之间的鸿沟，社会建设就难以推进。和谐社会不可能建立在城乡二元结构体制的基础上，破解城乡二元结构、实现城乡一体化是社会现代化建设的必由之路。

2. 未来一段时期，北京的社会建设主要是城市现代化建设

北京已进入城市化成熟期，发展速度放缓、短期不动、长期小浮动将是常态。例如，2005年、2006年城市化率均为84%；2007—2009年城市化率均为85%；2010—2012年城市化率均为86%。2005—2010年城市化率仅增加两个百分点就用了5年。可见，今后城市化率每提高一个百分点所用时间将会更长。城市成熟期也意味着，绝大多数人口居住在城市，那么，在搞好工业反哺农业、城市支持农村的同时，以城市现代化为重点将是北京社会建设在未来一段时间的工作重点，提升城市质量尤为重要。21世纪以来突出的“城市病”就是很好的例证，修补、革新城市势在必行。为此，首先，必须实施提高中国特色城市化质量进程的三步走战略：第一步，破除城乡二元结构，实现城乡一体化；第二步，破解城市内部二元结构（农民工制度、城中村体制等问题），实现城市内部一体化；第三步，最终实现人的城市化。其次，根据城市发展规律，以民为本，科学规划城市建设速度和规模（当前城市化质量严重滞后于城市建设速度），既重眼前发展，更要立足于长远发展；既重城市建设，更要重视城市安全；既重城市资源集聚效果，更要重视资源溢出效应（例如，北京城市发展必须要考虑北京城市核心功能区与城市功能拓展区，特别是与生态涵养区之间的资源配置关系，必须考虑北京城市发展与环首都经济圈贫困带之间的关系）。城市化是推进社会建设的重要实践路径，也是改变城乡二元结构和城市内部二元结构的重要载体。因此，要下大力气处理好城市建设速度与质量的关系，千方百计提高人的城市化水平，高度重视城市安全与管理，充分发挥城市功能，全面提升城市化质量，实现扎扎实实的城市化、没有水分的城市化。

同时，今后一二十年，我们要着重处理好北京城市化发展的几大关系平衡：

一是城市扩张、旧城扩建、房地产开发与（对农村的）占地补偿之间要平衡协调；二是城区规划、城市交通建设与私家车数量膨胀之间要平衡协调；三是农民工在薪酬待遇、社会保障、子女上学等方面与普通市民之间要平衡协调；四是社会管理、综合治理的方法方式和警力等，与流动人口不断增加、社区人口规模之间要平衡协调。

3. 解决农民工“半城市化”、城市二元结构难题，是北京特色城市现代化的必由之路

按照马克思的观点，农村自然消亡，农民自然消失，这是社会生产力发展的结果。早在1945年，毛泽东同志就在《论联合政府》里预言：“农民——这是中国工人的前身。将来还要有几千万农民进入城市，进入工厂。如果中国需要建设强大的民族工业，建设很多的近代的大城市，就要有一个变农村人口为城市人口的长过程。”①

今后一段时期，北京还有600万左右农民工活跃在城市建设的各条战线上，尤其“85后”“90后”“00后”青年农民，回到农村种地的可能性越来越小，在城市安家就业成为他们理想的选择。所谓城市二元结构问题，主要就是农民工如何成为正式工人、如何成为真正市民的问题（当然还包括本地居民与外来人口之间的矛盾）。这必须从根本上改革农民工体制，实现城市一体化，解决农民工身份和待遇的“半城市化”问题，这是一项事关全局的重大改革。建议率先在某个地方开展一次农民工问题大调查，弄清农民工的人数、分布、分类、生产生活状况、各种问题和意愿、未来希望和要求等，并在摸清底数的基础上，从根本上制订解决农民工问题的方案、政策和实施规划。这不只是解决农民工问题的一般措施，而且是要从根本上破除现行的农民工问题的体制建设。做好农民工体制建设，就等于基本解决了实际存在的城市二元结构问题，相当多的社会矛盾和社会问题必然消解。以上是必须解决的大问题。

4. 以壮大中产阶层为核心，加快推进其他各项社会建设

社会建设本身就是社会主导阶层的发育壮大，是葛兰西、波兰尼所谓“阶级”与“社会”的共生。而在今天，“社会”自强绝不是工人农民所能完成的，必是中产阶层（相当于社会中等收入者）的崛起而带动的。构建一个合理开放的工业社会中期阶段的社会结构、为北京社会进入工业社会后期阶段奠定基础，是社会建设最重要、最核心的任务。关键时期要做好的关键工作就是要通过社会建

① 毛泽东．毛泽东选集：第3卷．2版．北京：人民出版社，1991：1077.

设，特别是社会体制改革构建一个合理的社会结构。社会结构中最内核的就是社会阶层结构的优化和调整，本质上就是中产阶层的发展壮大和优化。而中产阶层绝大多数居住于城市社区，因而中产化的现代社会结构，本身就是城市中产阶层的壮大。中产阶层分布于党政机关、国有企事业单位、民营企业中，拥有较为丰富的经济资源、组织资源和文化资源，也是城市社会管理的中坚力量，同时还是社会主流价值的引导者、社会稳定的维护者、现代社会规范的倡导者和遵守者。

因此，要想壮大中产阶层队伍，就需要在民生保障、社会事业发展方面着力打通社会纵向流动的通道。（1）加大教育投入，确保教育事业均等化，让广大社会成员的子女能均等接受中高等教育，进一步促进社会流动，使社会中低阶层成员有更多的机会向中产阶层流动；同时，积极开发人力资源教育培训，盘活中产阶层发育的人力资本，提高现有二、三产业劳动力的文化素质和专业技能。（2）广开二、三产业就业渠道，吸纳各类人才和劳动力，通过就业结构调整，不断促使职业结构趋向高级化。（3）建立和完善社会保障体系，在条件具备的情况下，开展免费医疗服务；积极应对老龄化社会的困境，推进政府养老和社会养老，减轻家庭养老的压力；减轻中低阶层在住房、税收等方面的民生压力。提升中低阶层就业者的工薪待遇，改善和减轻中低阶层劳动者的就业环境、岗位条件、劳动强度。（4）积极构建和谐劳动关系，针对产业梯度转移和工业大发展背景下员工权益得不到有效保障的问题，建立健全三方谈判机制、社会监督机制，加强治理劳资矛盾，减少阶层冲突，使得各社会阶层和谐相处。

（二）推动力：理顺宏观体制、组织机构，发挥社会政策和社会工作作用

搞好社会建设、推进社会现代化，需要从体制机制方面做起。社会体制是规定各社会行动主体之间权利和义务关系的一系列制度安排，是制度化、政策化的社会结构，是“顶层设计”，影响社会建设各个领域，贯穿于社会建设的每个阶段和环节。

1. 理顺宏观社会体制，明确政府、市场、社会在社会建设中的定位

在未来社会建设过程中，要发挥“政府主导，社会主体，市场弥补”的作用。目前，社会建设还主要是由政府主导，体现了工业化初、中期，社会现代化初期的特征，但是民生维艰、社会矛盾突出的现状，远远不是政府单打独斗就能解决的，而且在市场化条件下，政府本身就是利益主体，在公共服务、社会管理

等方面，难免夹杂自身利益的诉求。因此，要不断强化改革意识，合理界定和理顺政府、市场、社会三者之间的权力边界和结构关系，政府尤其要敢于和善于简政放权，改变长期以来对社会服务和公共管理大包大揽的局面；要通过社会自治、政府购买、相互合作等方式，还权于社会，发挥社会组织、社会力量参与合作的功能，切实改变强政府、弱社会的格局，解决政府基层服务投入不足（缺位）、基层管理干预过多（越位）的双重困境，改变社会参与不够和能力不足、市场资源整合不够等状况；民生、社会事业方面要实现“政府保基本”，社会组织、企业按规则参与非基本事业的市场竞争，弥补政府失灵，社会缺位。

2. 完善社会建设工作机制和机构，筹谋规划，有序推进

作为社会主义现代化建设总体布局“五位一体”中的一大建设，今后社会建设所处的位置会越来越重要，事关大局。自 2007 年 9 月，北京市率先成立社建委、社建办以来，工作上取得了很多体制上的突破和实践上的创新，但是仍然遇到一些体制性障碍。例如，一些政府工作职能与民政部门政府工作职能相互交叉、重叠，无法形成有效的工作合力。对此，为保证北京社会建设实践工作顺利推进，需要重新谋篇布局，重新调整机构设置，重新赋予相应的权力和责任，履行全市社会建设顶层设计、统筹规划、组织协调、评估监督等职能，推进社会建设大业。

有计划、有重点、有步骤地推进社会建设内部的各种体制改革。社会体制决定于经济体制。现行社会体制多数是在 20 世纪 50 年代按照计划经济体制的模式逐步建立起来的，是为计划体制服务的。改革开放以来，社会主义市场经济体制建立并不断完善，而社会体制、社会事业体制改革却相对滞后。改革过的社会主义市场经济体制和没有改革过的社会体制并行，很不协调，这也是目前许多经济社会矛盾产生的一个重要原因。因此，要推进社会建设，必须先进行社会体制改革，需要进行社会体制改革的顶层设计和宏观决策，目前尤其要推进社会事业体制中的医疗、社保、住房等体制改革，获得突破、取得经验后，再逐步推开。

在科学规划城市社区的同时，改革基层治理体制机制。按照现有经济社会条件和管理水平，根据常住人口状况科学规划和确定街道、社区的管辖边界和规模。城市基层治理机制改革的重点是：一要抓好街道办事处的建设，按照经济社会职能的分离，在不影响大局稳定的前提下，重新确定街道办事处的机构设置、干部配备，明确职能职责、权责关系、经费保障，切实做好公共服务和社会管理。二要研究解决社区、街道及以上行政管理机构的有效对接和良性互动问题，专门研究社区管理人员的身份、职责、职数和待遇问题，尤其要从稳定队伍出发，加大对社区管理人员的待遇经费支持力度；也可选派一批中青年干部充实基层，把做好基层社区工作作为培养锻炼中高层干部的一种形式。

3. 社会建设必须发挥社会政策和社会工作的抓手作用，培养人才队伍

社会政策、社会工作同社会建设息息相关，是落实和推进社会建设工作规划和部署的重要抓手。

一般而言，宏观上的社会政策（狭义上指早期的社会福利政策）是指通过国家立法和政府行政干预，化解社会风险，促进社会安全，改善社会环境，增进社会福利的一系列规章制度、行动准则的总称。在今天的社会建设中，尤其要配合社会体制改革，建立和完善包括人口、就业、住房、社会福利和社会保障、文化体育、教育、卫生、婚姻和家庭生活、社区、社会组织、社会管理等在内的社会政策，并加强执行。

社会工作是一种从关心帮助人、维护人的尊严、保障人的基本权利的角度出发，去解决社会问题的工作，主要是帮助老弱病残等社会弱势群体以及服务性工作，与社会政策相伴而行。在中国，社会工作不仅包括社会福利、社会保险和社会服务，还包括移风易俗等社会改造方面的工作。在当今的社会建设实践中，社会工作要结合民生社会事业政策、社区政策、社会管理政策、社会组织政策等，发挥积极作用，预防和解决经济困难或生活方式不良而造成的社会问题，开展社区服务，提高社会福利水平和社会生活质量，协助社会管理，实现个人与社会的和谐一致，促进社会稳定发展。

与此同时，优化资源，大力培养社会建设专门人才。中共十六届六中全会决定指出："建设宏大的社会工作人才队伍。造就一支结构合理、素质优良的社会工作人才队伍，是构建社会主义和谐社会的迫切需要……提高社会工作人员职业素质和专业水平。""加强社会建设理论和社会政策的学习研究和教育培训，不断提高各级领导班子和领导干部管理社会事务、协调利益关系、开展群众工作、激发社会创造活力、处理人民内部矛盾、维护社会稳定的本领。"并指出："坚持正确的用人导向，选好配强领导班子，注重培养选拔熟悉社会建设和管理的优秀干部。"改革开放的伟大实践表明，经济建设需要宏大的经济工作人才队伍，社会建设同样也需要宏大的社会工作人才队伍。社会建设是一项新工作、新任务，需要有大批熟悉社会建设和管理的干部，因此今后既要从社会建设工作的实践中培养，也要像经济建设初期组建经济管理干部学院那样，培养出大批社会建设的干部和专业人才，为社会建设服务，为社会现代化服务。同时，利用首都智库资源，建立社会建设重大理论和实践问题调查研究中心，使之成为市委市政府加强社会建设的智囊机构，提供决策咨询服务。

（三）反思性：对风险社会时代的社会建设不断反思，协调推进五大建设

按照“波兰尼转型论”，市场与社会的关系在历史变迁发展中，如同“钟摆式”轮回，当市场运行到过度侵蚀“社会”的时候，“能动社会”会反过来抵御市场，壮大自身①；而今天就需要抵御市场过度侵蚀的“能动社会”，即社会建设本身。

进入新世纪，首都北京高度现代性（high modernity，亦有人译为极端现代主义）的增长，也带来了全球化的高风险。按照吉登斯、贝克等的风险社会理论，现代社会风险主要源于人的决策，是人类理性化的后果②。现代化作为一种人类理性的规划和设计，不可避免地自带风险，因为人类理性本身存在两种缺陷：一是人类理性是有限的，加上信息不对称，难以预知时空“不在场”的一切；二是人类理性本身会诱发新的风险、新的麻烦，而且在市场化转型时期，社会上层因为利益关系也会人为制造诸多风险和麻烦，正如诺斯的“国家悖论”的寓意：没有国家办不成事，有了国家又很麻烦③。“斯科特困境”则表明，那些试图改变人类生存状况的一切简单化、清晰化的工程项目，最后都是失败的④。社会风险是绝对存在的，而且最为明显的风险特征是，现代社会风险不分阶级，理性化的现代化设计都是相对主义的。因此，需要从现代化的动态性、复杂性、系统性角度，不断地对社会建设或社会现代化进行反思，避免“规划专制主义”和“工程主义”的极端现代化后果。

没有社会建设的现代化不完整；强调加强社会建设，也要吸取极端政治理性、极端经济理性造成不良后果的教训，即需要协调社会建设与其他四大建设的关系。一方面，将新阶段的北京社会建设摆到重要位置并提到政策日程上，关注基本民生、社会建设事业，培育社区和社会组织、加强和创新社会管理，化解社

---

① Karl Polanyi. The great transformation：the political and economic origins of our time. New York：Rinehart，1944.

② Ulrich Beck. Risk society：towards a new modernity. London：SAGE Publications Ltd，1992.

③ 诺思．经济史中的结构与变迁．上海：上海人民出版社，1991.

④ 斯科特．国家的视角：那些试图改善人类状况的项目是如何失败的．北京：社会科学文献出版社，2004.

会风险，维护社会秩序，完善社会体制，重塑社会规范。另一方面，要始终把经济建设放在现代化建设的中心位置，并将其作为社会建设的永续基础；同时逐步推进政治改革，实现政府与社会的平等合作，摆脱由全能主义惯性下的“市场”与“政治”的互嵌导致的经济市场化不足、社会和政治领域市场过度的现象。因此政治改革是今后的重点，最终要形成现代文明秩序和形态。这就是现代化的全面、整体均衡发展。

社区党组织在社区治理中的作用研究：以北京 NY 街道 12 个社区为例

吴 军

中共北京市委党校社会学教研部副教授

一、引言

作为国家治理体系和治理能力现代化的重要组成部分之一，社区治理是国家治理在城市社区的表现形式，而社区党组织则是社区治理的重要基石和保障，二者相辅相成、密不可分。因此，如何进一步加强社区党组织建设、通过深化社区党建改革来推进社区治理现代化，成为当前基层党建和社会治理面临的重大现实课题。

然而，随着城市化的快速推进，北京城市社区生态环境和社区治理结构正发生着深刻变化。诸如社区中政治环境、经济环境、社会文化环境和自然环境等要素与之前计划经济时代的环境相比，发生了很大改变，同时，在社区治理结构中，依靠街道制、单位制的传统一元化垂直领导方式形成的封闭管理格局与实行市场经济后的开放式的多元社会治理格局产生了较大差异①。面对这种新的变化和差异，社区党组织在进行城市社区治理过程中发挥功能作用时，也面临着诸多新困境。这些新困境主要表现在以下三个方面：

第一，社区党组织在社区治理中的核心领导作用逐步弱化。相较于区级、街道党组织或大企业党组织来说，社区党组织处于最基层，其占有的资源最少。一

① 周胜强，罗绍康．城市社区基层党组织在创新社区治理中的功能研究：以基层服务型党组织建设为视角．中共南宁市委党校学报，2015（5）．

般情况下，社区党组织往往通过举办一些送温暖、庆典节日活动来凝聚群众，但效果并不十分理想；社区党组织也不像村委会或居委会那样，有社区公益金的支持，常年“耕耘”（直接开展居民服务）在社区，有着很强的群众动员能力。因此，如何破解社区党组织由于对资源占有较少致使其在社区的核心领导作用减弱的困境，是新形势下不得不面临的新困境。

第二，社区治理结构从自上而下单一制行政手段，向更加细化、深入的方向推进时，如何进一步完善党组织在社区治理中的作用又成为一个难题。传统的社区治理主要依靠“自上而下”的行政力量，很多事情或任务是通过“一刀切”的方式进行推进的，效率很高，但品质不好。再加上，当前社区治理结构更加开放与多元，客观上就更加需要一种精细化的、具有针对性的且对社区居民需求及时回应的治理平台或机制。那么，如何在政策层面创新社区治理、使社区治理机制向更深度的方向推进的，将是一个具有理论价值和现实意义的问题与难题。

第三，社区治理生态环境发生了变化带来的诸多难题。比如，社区群众的需求更加多样化；社区政治环境也发生了变化，政治参与渠道不断拓宽，表达诉求方式多元化；社区文化环境由原来的“熟人社会”转变为“陌生人社会”等。这些变化会给社区党组织的创新社区治理带来新的难题。

总之，社区生态环境和社区治理结构对社区党组织的功能作用发挥带来了新挑战，同时，这也为社区党组织创新工作方式、拓展工作空间带来了良好的机遇。在社区治理中，如何化解困境、迎接挑战、抓住机遇、使基层党组织在社区治理中发挥更好作用，具有重要的现实意义与理论价值。

二、研究方法与个案情况

本课题以个案分析方法为主，采用个案访谈、集体座谈和田野调查相结合的方法，对北京市 NY 街道 12 个社区进行了全面的调查研究。课题组先后进行了 6 次访谈，实地调研 5 次，参与观察 1 个月。我们对 NY 街道 12 个社区的党委书记进行了访谈，而且按照社区类型的不同，从这 12 个社区中抽取了 5 个具有典型意义的社区，并进行深入访谈和田野调查。截至目前，个案访谈对象 30 个，其中包括 12 个社区党委书记；集体座谈 6 次，共涉及人员 60 多个，包括街道工委领导、公务员、社区书记、居委会主任、居民代表、物业工作人员、流动人口等。这些为后文的分析打下了很好的基础。

总体来看，北京市 NY 街道社区党组织在社区治理中以创新服务功能为主线，形成了一套较为系统科学的治理模式，其中的经验和启迪不仅具有现实意义，也具有重要的理论价值。该街道下辖 12 个社区党委，52 个党支部，11 个流动党支部，1 720 名党员；155 家非公企业，有 106 家分别建立了独立党支部、联合党支部和流动党支部，驻区部队有 30 多支。受政治、经济、文化和区位等因素的影响，该街道社区各个党组织结构倾向于扁平化，比较松散，党组织在社区治理中的作用还没有得到充分发挥。

三、社区党组织在社区治理中的作用分析

社区党组织作为实现基层社区自治的核心力量，必须在充分调动社区群众及各方社会组织共同参与社区建设的基础上，实现自身功能的转变与创新。NY 街道社区党组织结合自身实践，顺势而为，积极探寻，准确定位，开创了社区党组织参与社区治理的 NY 模式，其功能作用大概分为四方面：组织引领、搭建平台、协调整合、规划与总结提升等。

（一）组织引领

1. 政治引领

在 NY 街道社区中，党组织的政治引领作用主要体现在以下两个方面：

（1）坚定不移地贯彻落实上级党组织的政治方向、政治原则和政治意识。NY 街道社区党组织不仅培养了社区居民的民主意识，引导他们参与基层民主政治建设，还通过政策宣传、思想教育以及开展社区中的先进党员示范活动，鼓励社区中各类社会组织向党的宗旨看齐，依照党的路线方针政策开展各项活动，使得中国共产党的政治领导地位在基层得以巩固，使得国家的法律法规在基层社会中得以遵守。

（2）把强化基层党组织的政治引领作用同发挥其服务功能统一起来。NY 街道社区党组织认为，只有强化服务功能，才能使政治功能发挥得更充分更有力。他们坚持问题导向、服务导向、做事导向，集中精力解决基层党组织凝心聚力作用减弱、服务群众能力不足的难题，强力打造党员教育服务新阵地——社区党组织服务站，实现党组织服务群众“零距离”。把满足群众需求贯穿于“党组织服务站”推广工作始终。

2. 党建引领

党建引领是 NY 街道社区党组织参与社区治理过程中比较突出的特点。通过

党建引领，强化社区党组织在社区治理中的领导作用，提升社区党组织的凝聚力和号召力。这里的“引领”作用大致可分为两个层面。

（1）街道层面的“区域化党建联合会”。把辖区内不同系统的基层社区党组织（社区党委、社区党支部、驻区部队党组织等）紧密联系起来，解决社区发展面临的共同难题。针对NY街道基层党组织结构较为扁平松散、街道党（工）委的核心带动作用尚未得到充分发挥的问题，NY街道在2012年成立区域化党建联合会，突破传统纵向控制为特征的“单位党建”模式，通过联合会把隶属不同系统、掌握不同资源、比较松散的党组织联系成为紧密的党建共同体，构建了以街道党（工）委为“圆心”、社区党组织为“内圆”、职能部门和社会单位为“外圆”的“同心圆”区域化党建格局，实现各类基层党组织的条块结合、组织配合和资源整合，共同推动和破解社区治理难题。

（2）社区层面的社区党委和党支部等组织。通过引领与协调社区居委会、物业公司及广大居民等，增加党组织在社区的影响力。各个社区把党组织建设放到首要位置来抓，根据社区实际情况，探索出了“一管一活一评”的模式：一管是指通过建立党员个人档案的形式将党员管起来；一活是指通过开展各种党支部活动，把党员有效组织起来、把党员积极性调动起来；一评是指通过在党员中开展星级评定，树立“党员就是与众不同”的观念。

3. 价值引领

NY街道社区党组织针对社区居民由于文化背景等不同形成纷繁复杂的价值理念导致社区公共精神涣散这一问题，在两个层面发挥重要的价值引领作用：文明风尚价值引领和拓展服务价值引领。一方面实现对党员队伍自身的历练，另一方面深化群众对党的宗旨意识的认识。

（二）搭建平台

社区党组织在社区治理中的作用发挥离不开有效的“平台”，尤其是在社区多元化发展的新格局下，传统行政手段和“一刀切”式的工作方式很难适应新要求，再加上居民需求与利益的多元化，这就更加需要一个有效平台来“对话协商”，解决社区发展问题。NY街道社区党组织在这方面积极探索出了两个平台：以自助服务为主的社区党组织服务站和以矛盾调解为主的社区治理委员会。

1. 以自助服务为主的社区党组织服务站

NY街道社区党组织积极搭建平台，坚持以服务为导向，发现群众切实需求并解决其实际存在的问题。2015年10月起，NY街道社区党组织牵头成立社区党组织服务站，并逐步实现了 12 个社区党组织服务站全覆盖。社区党组织服务站是在街道党（工）委统筹协调下，结合服务型党组织创建工作，依托同心圆大党建格局，整合区域化党建联合会资源，以“联系沟通的桥梁、服务群众的平台、党员的温馨家园”为主要内容，建立起来的一个服务社区、推动居民参与、改善社区管理、促进社区和谐的服务平台。每个社区党组织服务站都根据本社区居民的具体需求设置了自己的名字和服务理念。由社区党组织服务站这个平台开展的社区服务大致分为党员服务、便民服务、志愿服务和共建服务四类。

2. 以矛盾调解为主的社区治理委员会

社区治理委员会是 NY 街道党（工）委着力打造“多元参与、共建共治”的社区微治理新格局，进一步优化社区治理结构，创新社区治理机制，提升社区治理水平的问题处理和矛盾化解平台。比如拆迁、物业纠纷、停车位与地下空间利用、绿化环保、道路交通等问题涉及的部门比较多，往往超出居委会或物业部门等单个部门的力量，需要驻区的不同单位、不同部门和居民共同参与才能处理好。社区党组织牵头定期召开社区治理委员会会议，该委员会的成员是由社区中涉及的不同利益群体或单位组织组成，体现了基层社会治理共商共治的特点。社区党组织对共商共治平台的建设与维护发挥着重要作用。

（三）协调整合

协调整合是指社区党组织在社区治理中发挥协调利益、化解矛盾和整合资源等作用。NY 街道社区党组织在当今社区管理体制、组织结构和运作机制发生深刻变化的新形势下，按照“总揽全局、协调各方”的要求，着力做好统筹协调和整合资源两方面的工作，推动社区工作稳定健康发展。所谓“总揽全局、协调各方”即是党的领导的重要原则。

NY 街道社区党组织在参与社区治理过程中充分发挥领导核心的作用，对社区资源的统筹整合大致分为内部整合和区域化整合。

（1）内部整合，即对社区内职能管理部门的统筹。随着社区的发展和功能的拓展，各职能部门将管理中心逐步下移到基层社区，在社区设立派驻机构，将相关工作延伸到社区。由于各类组织的功能及运作模式不同，在实际运作过程中不可避免会产生矛盾。社区党组织通过整合各类组织资源，为这些组织的规范有序发展创造必要条件，形成社区工作合力，共同推进社区健康发展。此外，社区党组织还整合资源，主导成立了社区社会组织，参与社区治理。

（2）区域化整合，即对社区内区域资源的整合。12个社区党组织协助参与NY街道党（工）委的“三个共建”，发挥区域化党建联合会的作用。

（四）规划与总结提升

在访谈过程中，多数的社区党委书记都反映，社区党组织还有一个功能，就是对已经开展的活动进行总结提升，即“活动不能老是办而不总结”。据此，我们认为，社区党组织在社区治理中除了上述作用外，还应该重视社区党组织的活动规划与总体提升作用：一是对党组织自身的总结提升，二是对日常工作开展情况的总结提升。

四、NY街道社区党组织在社区治理中的特色亮点

NY街道社区党组织在参与社区治理中的实践，累积了党在基层的执政资源，巩固了党在基层的执政地位，为基层党建与社区治理创新提供了宝贵的经验。根据我们的调研，把它们的一些较为特色的经验进行了提炼，具体如下：

（一）创新工作机制，设立党组织服务站

为让服务型党组织建设在街道真正“落地生根”，NY街道党（工）委下大力度思索探究党组织为民服务的新途径和新载体，围绕需求、整合资源、优化设置，在12个社区精心打造党组织服务站，从解决群众身边小事入手，做足服务供需匹配、做实服务资源支撑、做好服务方式转型，以提供便民、志愿、共建、帮扶、定时服务为内容，让广大居民在基层党组织的服务中，有更多实在感受、实际得益，提升群众对基层党组织的认可度、满意度。

NY街道社区党组织服务站有五个方面的服务功能：第一个功能是便民服务。便民服务是党组织服务站的服务基础内容，在每个社区的服务站里，都由街道为社区配置标准化便民服务设施，剩余部分由各社区汇总居民需求自行购买。第二个功能是志愿服务。志愿服务旨在维护社区居民的利益。第三个功能是共建服务。比如区域化党建联合会的成立，突破了传统纵向控制为特征的“单位建党”模式，逐步实现了各类党组织的条块结合、组织配合和资源整合。第四个功能是开展帮扶服务。该服务旨在让特殊群众时刻能感受到党组织的关怀和温暖。第五个功能是开展定时服务。

（二）搭建服务平台，建立长效机制

基层党组织只有建立一定的服务群众的平台，不断创新做好群众工作的载体，整合服务群众的资源，才能为基层服务型党组织建设创造出良好的环境和条件，进一步增强为民服务的实效，将服务最终落到实处。NY 街道社区党组织在工作中，利用“三微平台”即微信、微博、微群征求居民意见。社区居民通过“三微平台”反映不同需求，社区指定专人收集整理居民需求。通过各自社区的微信公众号发布社区最新动态和相关办事流程，使社区党员及时掌握最新动态、政策法规，积极参与社区活动。

NY 街道社区党组织积极进行制度建设，推动基层社区党建不断发展。一是建立党员“学习型组织”，完善党员分类管理。针对社区党员大多是离退休党员、具有一些特殊情况的问题，社区建立党员“学习型组织”，完善党员分类管理。对丧失活动能力、体弱多病的老党员实行上门送学服务。对身体较好且有能力参加学习活动的党员实行定期组织集中学习。二是建立党员志愿者服务队，将党支部建立在服务队之上。该举措有效地促进了党组织、社区党员与居民的联系，为维持社区秩序，确保辖区安全、稳定与和谐做出了突出贡献。

（三）以“党建＋公益”为主题优化服务

NY 街道立足群众需求，围绕“党建＋公益”主题，由社区党组织牵头，充分发挥专业社工机构和公益社会组织的作用，建立社区“六益服务网”，实现了公益项目资源的优化整合。此外，NY 街道社区党组织推行“四零”工作法，探索服务群众新路径。社区党组织紧贴棚改实际，突出问题导向，坚持以倾听群众呼声、解决群众诉求、回应群众关切为宗旨，实现了“群众得到实惠、风险及时防范、矛盾有效解决”的目标，确保居民琐事不出网格、小事不出社区、大事不出街道、矛盾不上交，唱响了为民服务的好声音。

（四）建立反馈机制，坚持群众满意

NY 街道社区党组织把群众满意作为基层党建工作创新的根本出发点、落脚点和党建工作能够持续创新并不断完善的原动力。NY 街道社区基层党建创新模式和机制是在认真倾听群众呼声、广泛征求群众意见、切实维护群众利益基础上形成的，得到了群众的广泛好评和认可，取得了促进发展、化解矛盾、改善党群干群关系的好效果。NY 街道社区是一个较为现代化的城市社区，部分社区拥有比较完备的物业，但社区居民有事喜欢找充满人情味、提供人性化服务的党组织，而不是找物业。这充分反映了群众对党组织的最大认可和信赖。

（五）努力提高基层党员队伍的综合素质

NY 街道社区党委精心选配党委班子成员，班子配备齐全，配备专职副书记一名，成员责任分工明确，团结协作。针对党委班子、居委会人员年轻化的特点，坚持领导班子例会制度，对重要工作、重大事项集体研究讨论，形成共识，明确思路、目标、措施和分工，齐心协力抓落实。坚持居委会人员学习制度、首问负责制。每季度召开一次民主生活会，开展批评与自我批评，形成了团结友爱、互帮互助的工作氛围。通过召开座谈会、问卷调查、走访等方式，全面掌握社区党员动态，根据社区党员的不同特点进行相应的管理教育。利用社区健身广场定期组织社区党员群众看教育片、听健康养生知识讲座，丰富党员业余生活，提高党员整体素质。

五、NY 街道社区党组织在社区治理中存在的问题

在调研的过程中，我们发现 NY 街道社区党组织在参与社区治理的过程中既存在着社区党组织的普遍性问题，也存在着自身的独特性问题。具体分为四个方面。

（一）社区党组织与社区自治组织之间关系不明确

社区党组织与社区自治组织之间关系不明确可以从两个层面进行理解。一方面，有的社区党组织在职能上“越位”，直接干预社区自治组织的工作，包揽包办社区事务，从内容、形式、目标上都直接指定和命令，将大量本属于居民委员会职责范围内的工作和社区党组织自身的本职工作混为一谈。另一方面，有的社区党组织在治理领域中表现“缺位”，片面地认为社区自治就是让广大的社区居民自己管理自己，社区事务应该由广大社区居民选举产生的居民委员会负责，忽视或者放松了对社区自治的领导作用。尤其是在目前我国基层社区自治水平还不是很高的情况下，社区居民的自治意识和自治能力还存在着很多需要党和政府引导的地方。

（二）社区党组织的领导方式相对滞后

随着社会主义市场经济的深化和政府社会管理职能的不断下移，社区治理结构发生了巨大的变化。一方面，专业职能部门、街道、居民委员会和社区党组织成为社区具体事务的直接参与者和部分政策的制定者，社区管理的主体从原来的单一主体向多元主体转变。另一方面，社区中的社会组织通过政府购买服务的方式承接了大量外包的职能，直接参与到社区工作中，社会组织对社区建设的影响力越来越大。

（三）社区党务工作者自身素质有待加强

从自身方面看，有些党务工作者的思想认识和能力素质滞后于现实的推进，不能适应新时期党建工作的要求。在整合社区资源、协调各组织的利益权衡工作、实现社区主体的良性互动方面，如果没有较强的综合素质，很难胜任复杂的社区事务。目前，社区党组织的党务工作者大多来源于社区居民，没有接受过专业教育，工作方式往往以传统的被动执行任务为主，偏重于主观上的经验总结，忽视科学的理论指导，因此在面对越来越复杂的社区公共事务的时候，会显得力不从心。从体制建设上看，社区事务具有任务重、内容繁杂、责任大的特点，尤其需要一定的物质资源才能保证其工作的有效开展，社区党组织的财政来源渠道单一，上级党组织和基层政府对社区党组织的人力、物力、财力方面的投入不能满足其作为主导力量参与社区建设的要求，在一定程度上不仅难以激发社区党组织工作者的工作积极性，而且也阻碍了社区服务和各项活动的顺利开展。

（四）条块分割制约社区党组织功能的发挥

社区工作区别于其他行业的工作，具有多样性、复杂性和专业性的特点，仅仅依靠几个职能部门或者通过政府的行政力量很难实现善治的目标。社区建设离不开专项职能部门专业功能的发挥，同时也必须借助街道办事处的综合管理统一协调社区资源，形成“条块结合、以块为主”的格局。然而，在部分社区中，行政层级比较高的专业职能部门对社区党组织工作存在漠视的状况，只以纵向“条”为主，发布指令。“条块分割”的格局使得社区内各职能部门的党组织之间相互隔绝，在一定程度上制约了党组织统一领导功能的发挥。

六、对策建议与思考

NY 街道在以实现社区居民自治为目标的多元社区治理的现实结构中，要通过协商、沟通、整合与协作等权力运行来实现对社区的领导。当前，NY 街道社区党组织面临着来自复杂治理环境的各种挑战，其可以尝试从以下四个方面加强治理能力。

（一）正确处理社区党组织与自治组织之间的关系

正确处理社区党组织与自治组织之间的关系是优化社区治理结构的关键，也是实现社区自治的深层次体现。党在社区的领导方式与传统政府管理体制中的行政领导方式不同，社区党组织不能对社区事务进行直接干预或者决策，一方面要做到既不“缺位”也不“越位”，另一方面要支持和保证居民委员会依法自治，通过居民委员会的自我管理、自我教育、自我服务基本功能的发挥，动员社区力量解决社区问题，促进基层民主政治建设。针对当前社区自治组织建设中社区成员出现的政治冷漠的薄弱环节，可以通过社区成员代表大会制度履行其对社区事务的基本职能。社区成员代表大会是社区自治组织，也是社区成员进行民主管理、民主监督、民主选举和民主决策的权力载体。社区党组织将党的路线方针政策通过法定的程序，依托社区成员代表大会转变成社区广大居民和社区单位的共同意志，不仅体现了社区党组织的领导核心作用，同时确立了社区成员代表大会在社区中的最高决策层的地位，进一步落实了在基层社区中“议行分设”的管理模式，实现社区党组织、社区居民委员会、社区成员代表大会的功能定位，进而形成有效的合力共建社区模式。

（二）以民主协商为手段整合社区资源

民主协商能够有效地回应社区中多元文化社会认知差异的某些核心问题，尤其在强调对公共利益的责任、促进理解政治话语和辨别政治意愿，以及支持和重视大众需求与利益中，具有重要的作用。当社区中相关利益主体参与社区建设涉及社区居民的重大利益时，社区党组织可以发挥资源整合的作用，搭建与多元利益主体交汇的民主协商平台，并且建立科学的协商程序，协调各组织之间的利益。一方面通过区域化民主协商平台的搭建，加强社区中不同性质单位的联系，体现社区党组织倡导的共治理念；另一方面通过不同阶层的民主讨论、协商等形式进行利益表达，实现社区群众的公共利益最大化，将决策建立在各利益阶层的相互妥协和共同获益上。

（三）以扩大社区参与为导向

社区居民的广泛参与是当前我国基层民主政治建设的重要基础。社区党组织要动员社区居民和社区自治组织参与社区事务管理，为社区建设出谋划策，培育其社区归属感、认同感和责任感。社区党组织应该创新管理的思路，探索党建工作的新方法，重新设置党群结合的基层社会工作的目标和机制。通过党群结合的基层社会工作方式，从广大社区成员的利益出发，给予其更多的精神关怀、人文关怀、政治关怀和利益关怀，转变传统的行政领导理念，为广大社区群众服务，凝聚社区团结的力量。此外，社区党组织还要注意培养社区居民民主意识，鼓励他们行使自己的民主权利、支持和参与社区自治的工作，保证党在基层中一致的民主政治方向。

（四）加强社区党组织自身建设

在社区实务中，部分社区党组织没有发挥基本的功能，在很大程度上与其自身的组织建设有关系，尤其是与自身组织结构不完善有关。社区党组织可以通过设置党建联席会议，将不同级别的驻区单位的党组织整合起来，针对社区事务开展协商议事程序，形成以社区党委为核心，以各驻区单位党组织为依托，以居民生活区党小组为基础，融合社区其他社会组织的党组织，形成纵横交错的组织体系。尤其在居民聚集区，组建党支部或者党小组等居民党组织，增加居民区的党员的组织归属感。针对社区中流动党员的管理，按照“流入地与流出地党组织协同管理”的原则，建立社区流动党员的跟踪机制，对流动党员实行规范化管理。此外，还要注重通过多渠道选拔优秀的社区党组织领导干部队伍，完善激励机制，鼓励和激发社区党组织工作人员的工作主动性和积极性。

社会建设之青年群众工作的路径方法创新：社会工作的视角

韩　辉

中国青年政治学院社会工作学院

一、前言

2017年10月18日党的第十九次全国代表大会的胜利召开，标志着一个新时代的到来。自十六大党和国家逐步确立社会建设的总体目标和建设路径，到十七大提出“四位一体”（加入社会建设）的社会主义事业总体布局，再到十八大“坚持人民主体地位”和“在改善民生和创新管理中加强社会建设”的论述，这个过程已经表明党和国家对社会建设认识的不断深化及政策践行。而十九大提出“坚持以人民为中心”和“坚持在发展中保障和改善民生”等新时代中国特色社会主义的思想和基本方略，以及提高保障和改善民生水平，加强和创新社会治理专题性、充分性的阐述，都鲜明而强烈地体现出社会建设在“四个全面”战略布局中举足轻重的地位。

从党的十八大到十九大，面对国内外政治、经济、社会发展的新形势、新变化，在社会建设方面，习近平总书记提出了一系列加强和创新社会治理的新思想、新论断。加强和改进群众工作，是习近平总书记关于社会治理问题论述的基本要义。他指出：“社会管理主要是对人的服务和管理，说到底是做群众的工作。一切社会管理部门都是为群众服务的部门，一切社会管理工作都是为群众谋利益的工作，一切社会管理过程都是做群众工作的过程。从这个意义上说，群众工作是社会管理的基础性、经常性、根本性工作。”① 由此可见，社会治理本质上就是做群众工作。在群众工作中，青年群众工作因青年的多元性、发展性和未来性需要得到特别关注。青年群众工作作为党的事业的重要组成部分，如何在新时代的社会建设中有所作为，是非常值得思考和实践的议题。

二、当前青年群众工作面临的新问题

伴随着我国社会的发展和时代的变迁，当前青年群众工作也面临着许多新情况和新挑战。

（一）工作环境多样而复杂

首先，中国特色社会主义进入新时代，我国社会主要矛盾的变化是关系全局的历史性变化，这对党和国家工作提出了许多新要求。作为执政党助手和后备军的共青团，在新的历史时期和社会建设环境中如何围绕中心、服务大局，充分体现其青年群众工作的价值就显得尤为重要。其次，全球化、信息化给青年群众工作带来深刻影响和巨大挑战。青少年阶段正是世界观、人生观、价值观形成的重要时期，全球化、信息化迅速地带给青年海量的社会思潮、意识观念，在中西方思想意识及价值观的相互碰撞中，部分青年会出现信仰迷失与价值观摇摆，如何在新媒体环境下引领青年认同并践行社会主义核心价值观成为一个重要议题。最后，新兴青年群体自组织的出现，为青年群众工作增加了现实性难度。当前，以利益关联和兴趣爱好为纽带，形态多样的新兴青年社团和青年组织层出不穷，它们对青年具有较强的吸引力和影响力，如何对这样的青年自组织积极引导并加以影响，需要青年工作者即各级团干部深思熟虑并进行开创性实践。

（二）工作对象多元而分化

首先，伴随着市场经济体制的建立和网络社会的生成，青年群体中出现多元的亚群体且逐渐呈现分层化特征。新生代农民工、蚁族、佛系青年、街头青年等出现的同时，群体之间的差异也越来越明显。此外，青年中强势群体和弱势群体之间的差距增大，一部分弱势青年逐渐被边缘化，渐渐游离于主流之外，他们生存和发展的压力较大，可能引发社会矛盾和个人心理问题。其次，与多元青年亚

① 习近平在省部级主要领导干部专题研讨班结业式上讲话．中国广播网，2011－02－23.

群体相呼应的是其利益诉求的多样化，这些诉求一般具体化为各种利益。青年群众工作者一方面要充分了解青年的多样化诉求，另一方面要协调好各种诉求在满足过程中可能存在的张力。最后，青年群体的价值追求和生活方式更加多元。随着社会经济的发展和文化结构的变革，青年群体的价值观和生活方式呈现出鲜明的多元化特征。有调查发现，大多数青年的价值追求是积极向上的。但不同青年之间，价值追求差异较大，这为青年群众工作者的价值观引领提出了一定的挑战①。

（三）工作者素质亟待提升

基于以上青年群众工作工作环境和工作对象的新挑战，青年群众工作者的素质需要大幅度提高，具体表现在其工作角色上。青年群众工作者要从之前的管理者转变为价值观引领者、服务创新者、政策践行者和资源链接者。在价值观引领方面，对于青年群众，要以培养担当民族复兴大任的时代新人和后备军为着眼点，在教育引导、实践养成、精神文明创建等方面，积极发挥重要的引领作用，把社会主义核心价值观融入青年群众发展的各方面，升华为青年群众的价值认同、情感认同和行为习惯。在服务创新方面，一是要在党和国家工作大局下，立足自身职责定位，立足以青年群众为中心，秉持“联系青年群众、服务青年群众”的理念，积极为有着不同需要及困难的青年群众提供适切性服务；二是基于新时代不同青年群众的特征、诉求、问题及资源，结合当代网络化、信息化、多元化等时代特征，在服务内容、服务形式和服务载体上尝试创新。在政策践行方面，一是要对党和国家制定的有关青年群众的各项社会政策，进行积极倡导、着力推行和有效实施；二是要在深入青年群众、服务青年群众的基础上，及时发现已有政策的疏漏或可能拓展的空间，切实做好政策实践后的政策建议、政策调整及修订工作。在资源链接方面，要积极搭建青年群众服务平台，构建服务及枢纽型空间，同时积极联系和引导相关社会组织，发掘并链接各类服务于青年群众的人力、物力、财力及信息资源，更好地为青年群众提供间接服务。以上四种角色，价值观引领者和政策践行者是核心角色，它们更多体现的是青年群众工作的政治性和先进性；服务创新者是保障性角色，资源链接者是补充性角色，它们更多体现的是青年群众工作的群众性。青年群众工作者通过在务实化的工作内容和趋于专业化的工作方法中逐渐实现角色转变，进而提升工作素质。

---

① 张飞燕．新形势下青年群众工作的特点．现代经济信息，2012（6）．

三、社会建设之青年群众工作的路径方法创新

（一）社会建设与社会工作

党的十九大报告指出，社会建设方面，坚持在发展中保障和改善民生，在发展中补齐民生短板、促进社会公平正义，在幼有所育、学有所教、劳有所得、病有所医、老有所养、住有所居、弱有所扶上不断取得新进展。

社会工作是遵循以人为本、助人自助、平等公正的专业价值观，在社会服务及社会管理等领域，综合运用专业知识、技能和方法，帮助有需要的个人、家庭、群体和社区，整合社会资源，协调社会关系，预防和解决社会问题，促进社会稳定和谐的专业和职业①。社会工作坚持每一个人都应享有社会福利，都应该受到社会的公正对待。为此，社会工作面向社会成员特别是弱势群体提供专业服务，积极倡导并组织旨在影响人、改变人的各类服务活动，协调和配置社会既有资源与机会，以及为社会弱者呼吁更具保护性和倾斜性的社会政策。现代社会工作业已形成三大直接方法（个案、小组和社区的工作方法）以及社会政策、社会行政、社会研究等间接方法，并充分运用社会学、心理学、政治学、伦理学等多学科的知识使社会服务更具效率。社会工作的行动取向更使其优势凸显。面对现代社会的各类问题，如青少年问题、失业问题、养老问题、贫困问题、犯罪问题等，社会工作组织专业工作者扎根社会基层，面向社会公众，积极争取各类资源开展助人服务，并力图在行动中改变人的处境，促进个体乃至社会状况的改善②。

综合以上有关社会工作的论述，可以看出专业社会工作在基本理念、服务对象、服务路径、服务目标诸多方面与社会建设的内容及目标较为契合。因此，社会工作可以成为加强与创新社会治理本质之群众工作的学理支撑和路径选择，这既反映出青年群众工作科学发展的需要，也体现出青年群众工作的创新方向。

（二）社会工作视野下的青年群众工作

这里所说的社会工作视野主要包含社会生态系统和优势视角、需求视角和问题解决视角。

---

① 李迎生．社会工作概论．2 版．北京：中国人民大学出版社，2010：6.

② 李迎生．加强和创新社会管理：社会工作的视角．社会科学研究，2014（1）.

1. 社会生态系统和优势视角下社会建设中的青年群众工作

现代社会生态系统理论著名学者查尔斯·扎斯特罗认为：个人的生存环境是一个完整的生态系统，即由一系列相互联系的因素构成的一种功能性整体，包括家庭系统、朋友系统、职业系统、社会服务系统、政府系统等。个人是在环境中与各种社会生态系统持续互动的主体，既受到各种不同社会系统的影响，也持续地、有活力地与其他系统相互作用。个人的社会生态系统分为微观系统、中观系统和宏观系统。个人所在的微观系统、中观系统、宏观系统总是处在相互影响和相互作用的情境中①。

优势视角是社会工作实践性理论的一个新取向。优势视角强调个人、团体、家庭和社区都有优势（包括资源、知识、智慧、技能等）；在面临困难时，人们往往会展现出抗逆力；社会工作者与服务对象合作，可以更好地服务于服务对象。优势视角取向的实践意味着作为社会工作者所应该做的一切，在某种程度上要立足于发现、探索和运用服务对象的优势和资源，以协助他们达到自己的目标，实现追求的梦想②。

从社会生态系统视角和优势视角来看社会建设中的青年群众工作，首先，青年群众个人的身心及社会性发展必然受到其同辈群体、职业群体、家庭等中观系统和所属组织及其文化直接或间接的影响，而被影响到的微观系统又会反过来作用于青年群众同辈群体及其文化等中观和宏观系统的状态和发展。其次，青年群众所属的不同系统，都有其优势（包括资源、智慧、知识、技能等）。在面临困难时，青年群众会展现出抗逆力；青年群众工作者要立足于发现、探索和运用青年群众的优势和资源，协助他们实现其所追求的中国梦。

对于青年群众工作者而言，一是要把握青年群众社会生态系统的全貌及其各子系统的要素。二是要从优势视角积极探索、发现各个子系统的丰富内容及各系统相互影响的机制，特别是要探索各子系统显性和隐性的资源，如青年群众个人已有的文化知识、实践智慧、技能、朋友圈、家庭支持、就业机会等属于不同子系统的显性资源；青年群众个人良好的个性品质、抗逆力、学习潜能、未被发掘的个人经验和未链接到的外在资源等属于不同子系统的隐性资源。三是要从优势视角了解并掌握青年群众微观系统的正常成长标识，理解其个人生理、心理及社

① 师海玲，范宁燕．社会生态系统理论诠释下的人类行为与社会环境．首都师范大学学报（社会科学版），2005（4）．

② 张和清，等．优势视角下的农村社会工作：以能力建设和资产建立为核心的农村社会工作实践模式．社会学研究，2008（6）：180.

会性三者的相互作用，即青年群众个人所经历的成长阶段的生理、心理和社会性发展中的重要事件以及这些重要事件对青年群众个体生理、心理和社会性发展造成的影响。

2. 需求视角和问题解决视角下社会建设中的青年群众工作

人本主义心理学家马斯洛将人的需求分为生理需求、安全需求、归属和爱的需求、自尊需求、认知需求、审美需求和自我实现需求等七种需求。其中，前两种需求属于基本需求，后五种需求属于发展性需求。基本需求出现较早，发展性需求出现较晚，只有当基本需求满足或部分满足之后，发展性需求才有可能出现。发展性需求的满足将会取代或减少基本需求的需要程度①。

问题解决视角强调生活是问题解决过程，只有通过一个又一个问题的解决，服务对象才能成长；问题解决既是一个寻找和选择问题解决方法和途径的过程，也是一个学习放弃的过程。放弃与解决问题同样重要，通过放弃，服务对象才能将有限的精力和时间放在问题解决上②。

从需求视角和问题解决视角来看社会建设中的青年群众工作，青年群众遇到的问题或困难，往往反映出其内在需求。现阶段我国社会的主要矛盾已经转化为人民日益增长的美好生活需要和不平衡、不充分的发展之间的矛盾，该矛盾充分体现出人们发展性需求与现实状况的张力，这种张力也鲜明地映射在青年群众身上。发现问题、聚焦需求，然后解决问题、满足需求，这可以成为青年群众工作的具体目标。青年群众工作者通过寻找和选择问题解决方法和途径，一方面将一个个青年群众关心的问题予以解决，另一方面也学会了放弃不适宜的工作路径方法，更重要的是增强了两个重要本领——青年群众工作本领和狠抓落实本领。

上述四个视角在一定程度上体现了青年群众工作的先进性和群众性。对于四个视角的关系，笔者也做一些厘清。在四个视角中，社会生态系统视角是基础，需求视角是切入点，优势视角是补充，问题解决视角是方向和目标。对于青年群众工作者而言，在把握政治性这一青年群众工作灵魂的基础上，要尝试以青年群众的社会生态系统为基础，从青年群众各个子系统可能的需求及相关问题出发，同时发掘各个子系统的优势和资源，不断朝着问题解决和满足需求的方向开展

---

① 叶浩生．西方心理学的历史与体系．北京：人民教育出版社，1998.

② 童敏．从问题视角到问题解决视角：社会工作优势视角再审视．厦门大学学报（哲学社会科学版），2013（6）.

工作。

（三）青年群众工作的路径方法创新

1. 工作路径方法创新的基本思路

青年群众工作者要以青年群众为中心，基于青年群众工作者的四种角色，以青年群众的社会生态系统为基础，从青年群众各个子系统可能的需求及相关问题出发，发掘各个子系统的优势和资源，不断朝着问题解决和满足需求的方向和目标努力工作，旨在提高青年群众工作者的核心能力，更好地发挥其作为党和政府联系、吸引和团结青年群众的桥梁和纽带作用。

2. 工作路径方法创新的具体举措

针对当前青年群众工作面临的新问题，笔者以青年群众的社会生态系统为基本框架，探索青年群众工作路径方法的创新。

（1）微观系统层面。

首先要服务青年、引领青年，具体的工作路径和方法有：1）做实“青年之家”和“青年之声”，在其中发现高关怀青年和领袖青年；2）善用青年社会组织和专业人员，如青少年社会工作者、青少年心理教育工作者等为有困难或高关怀的新兴青年、单位青年等提供生活、工作等方面的系统帮扶，旨在恢复并增强这些青年的社会适应能力。其次要服务新兴青年、单位青年等群体中青年领袖，进行社会主义核心价值观引领及个别化服务，具体工作路径方法有：1）从调研的大数据中发现不同青年亚群体中的青年领袖，运用访谈法了解他们的需求、遇到的困难和问题、现有的资源等，然后邀请专业人员，如青少年社会工作者、青少年心理教育工作者一起合作，为其提供及时、专业、系统的个性化服务，让青年领袖在得到支持和应时性帮助的同时，充分发挥其对所属青年群体的影响和引领作用。2）充分发挥现有“青年之家”和“青年之声”直接服务及服务平台作用，一方面为不同的青年群体提供及时服务，另一方面提供有效的服务支持和资源。3）采用多种新闻媒介，为青年榜样搭建平台，运用青年群众喜欢和乐于接受的方式，发挥青年榜样的示范作用。

（2）中观系统层面。

首先，深化组织团建，特别是两新组织（新经济组织和新社会组织）团建，旨在通过组织网络将青年群众嵌入职业化共同体，实现共青团组织网络影响和引领青年群众的作用。具体工作路径与方法有：1）发现、培育并善用单位组织或两新组织中的青年领袖或精英，带动其影响、引领该青年群体的价值观。2）采用吸引并适合单位组织或两新组织青年群体的内容及方式，如找到群体价值观与社会主义核心价值观的共通性等，进行价值观的影响和引领。3）以青年为本，运用已有服务平台或搭建新平台及链接各类资源，解决青年关心的现实问题。4）逐渐完善不同组织青年的“筑梦计划”，如做好“筑梦计划”的系统设计，包括“寻梦—筑梦—圆梦”的主题、形式、宣传、招募及资源等；做好筑梦试点活动前的调研和活动后的系统性评估（如宣传与招募、主题与形式、活动成效及满意度、活动资源及成本等）；做好筑梦试点活动评估后的设计与细节调整，为下一次整体活动做好宣传与引导。

其次，联系与整合青年社会组织，旨在直接服务青年并构建复合型团青关系。具体工作路径和方法有：1）通过调研（政府购买或与第三方合作），发现当前共青团“1＋100”工作中的问题和有效工作方法。2）在充分调研基础上，以单位青年和新兴青年的需求为本，通过共青团组织实现青年社会组织服务青年，使共青团成为服务青年的枢纽性组织。枢纽性主要体现在两个方面：一是“平台”，即搭建一个开放性、社会性、多样化的平台，社会领域青年组织和青年群体在此平等沟通、共享资源、创造价值；二是“核心”，即体现共青团在这些平台中的影响力和凝聚力，在青年社会组织服务管理方面体现为在政治上发挥桥梁纽带作用，在业务上发挥指导和引领作用，在日常管理上发挥枢纽性功能的核心作用①。3）做好政策实践，如对共青团省、市、县委挂职、兼职副书记制度的进一步探索与完善。

（3）宏观系统层面。

青年群众工作者首先要聚焦于营造以社会主义核心价值观为基础的青年群众文化，具体工作路径和方法有：1）善用网络等新媒体资源，形成系统、动态的宣传与倡导机制；2）搭建全方位、立体化的青年群众组织联盟平台，开展符合新兴青年、单位青年等群体需求和特点，形式多样的系列文化活动，如专题论坛、文化沙龙、公益演出等，促进青年群众的思想、文化交流。其次要在充分调研和发挥团枢纽性功能的基础上，努力建立健全青少年诉求表达、利益协调、矛盾调处和权益保障的政策机制并有效执行。此外，可以通过形成社会化、项目化的运作机制，以社会化的动员、自下而上的运作、开放式的整合、社会化的评价，创设一些有创意、受欢迎、参与性强的系列工作项目，以此引领青年力量和社会组织积极参与公共服务和社会建设。

---

① 钟晓敏．共青团参与社会建设的思考与建议：以上海共青团为例．中国青年研究，2011（7）．

关乎民生和国家长治久安的社会建设，其根本和基础是群众工作。而青年群众工作，既是群众工作的重点，又是党的事业的重要组成部分。新时期青年群众工作既要科学发展，又要不断创新。以预防和解决社会问题及促进社会稳定与发展为目标的社会工作，既可以为青年群众工作提供学理支撑，又可以为青年群众工作提供创新参考。从社会生态系统等视角进行研究，青年群众工作将有更大的路径方法的创新空间，以此更好地发挥共青团及青年群众工作者作为党和政府联系、吸引和团结青年群众的桥梁和纽带作用。

现状、问题与对策

——北京市空巢老人家庭研究

陶　涛　刘雯莉

中国人民大学北京社会建设研究院

老龄化水平日益提高是中国面临的最为严峻的形势之一。《中华人民共和国2016年国民经济和社会发展统计公报》显示，2016年末我国60岁以上老年人已达2.3亿，老年人口比重达到16.7%，我国老年人口的数量第一次超过了0～14岁人口，人口金字塔已开始倒转，人口老龄化的进程进一步加快。老龄化已成为我国社会备受关注的现象，对社会经济的发展有着深远的影响。

与此同时，在人口大规模流动、生育观念与生育行为发生巨大变化的背景下，家庭规模小型化、家庭结构简单化、居住模式离散化、成员关系松散化的趋势日益明显，空巢老人的数量不断增多，空巢家庭成为与以往家庭完全不同的家庭类型而凸现出来，且规模越来越大，成为家庭问题中最为突出的问题之一。中国老年社会追踪调查（CLASS）结果表明，目前我国老年人口中，空巢老人达到47.53%，其中独居老人占9.63%，老年夫妻户占37.90%。未来，随着老龄化程度的进一步加深，空巢家庭将日益成为家庭的主流。

北京市作为全国的首都，是人口大市、家庭大市和空巢家庭大市，人口老龄化程度高，空巢老人在全市老年人中的占比更是高达55.76%[①]，超出全国平均水平，空巢家庭越来越成为首都家庭的主流。空巢家庭问题将进一步激化现有的养老供需矛盾，成为北京市人口与家庭发展亟待破解的新难题，亟须在实际调研和理论指导下妥善解决。

党和国家高度重视老龄化相关议题。党的十九大报告指出，要“积极应对人口

① 由2014年中国老年社会追踪调查（CLASS）数据计算得出。

老龄化，构建养老、孝老、敬老政策体系和社会环境”。要构建这样的政策体系与社会环境，就要深入了解空巢老人的现实状况、实际困难与真实需求，并考虑可能的解决办法，以切实提高空巢老人的生活质量，帮助其度过幸福美满的晚年，这不仅事关空巢老人个人和家庭，更事关首都的和谐与发展。对北京市空巢老人及其家庭进行深入、科学的调查研究，探索影响空巢家庭发展的规律性因素，并针对具有普遍意义的问题提出相应的对策，具有深刻的理论意义和实践意义。

一、北京市空巢老人家庭现状

（一）北京市空巢老人生活满意度总体状况较好，群体内部存在异质性

整体而言，北京市空巢老人的生活满意度总体状况较好（见图 1）。针对北京市空巢老人的调查数据显示，在“总的来说，您对您目前的生活感到满意吗?”这一问题的回答中，有 65.65％的老人回答了“非常满意”或“比较满意”，即超过半数的老人对自己当前的生活感到满意。这反映了北京市社会经济发展和养老事业建设的巨大成果。

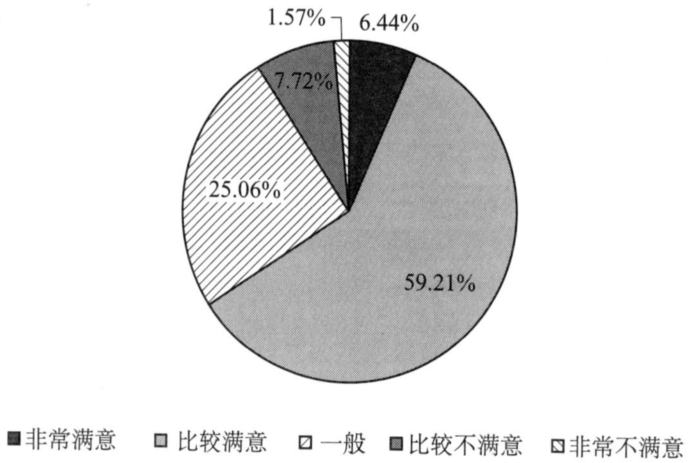

图 1　北京市空巢老人生活满意度

按照不同人口学特征来看，空巢老人群体内部的生活满意度存在差异。女性老年人比男性老年人，低龄老年人比高龄老年人，有配偶的老年人比离婚、丧偶的老年人，受教育程度较高的老年人比受教育程度较低的老年人有更高的生活满意度。这一结果表明，并非所有空巢老人都面临相同程度的问题，需要进一步细分群体，有的放矢地进行分析，对部分处于弱势地位、有着较高照料需求的空巢

老人，如年事已高、无配偶、无子女、低收入的空巢老人更要有针对性地解决其问题。

（二）空巢老人对生活不同方面的满意度不同，社会保障体系仍需完善

尽管空巢老人的生活满意度总体状况较好，但将其生活的不同方面进行细分后，结果却不甚乐观。调查显示，空巢老人对子女养老的满意度、休闲娱乐生活满意度、身体健康状况满意度、精神状况满意度、经济状况满意度均不高，空巢老人对生活中最不满意的方面主要是“钱不够用”“住房条件太差”“生活太寂寞”。也就是说，虽然空巢老人对于自己的生活现状有一个整体的较为积极的评价，但是当涉及具体问题，无论是物质层面还是精神层面，空巢老人当前的生活状况仍旧是不尽如人意的，尚待改善。

此外，空巢老人对社会保障的满意度亦不高（见图 2）。调查显示，对医疗保障非常满意、比较满意的空巢老人仅占 33.49%，而对养老保障非常满意、比较满意的空巢老人仅占 24.76%。对医疗保障、养老保障的满意度为一般及以下的空巢老人占比则分别高达 66.52%和 75.25%。可以看出，超过六成的空巢老人对当前的医疗保障、养老保障不甚满意。尽管当前我国的社会保障体系不断发展完善，北京市的医疗保障与养老保障制度建设也走在全国前列，但仍然不能很好地满足空巢老人的需要。随着未来空巢老人数量的不断增加，其对医疗服务、养老保障的需求将进一步扩大，供需矛盾将更为明显，针对老年人的医疗保障和养老保障体系亟待完善。

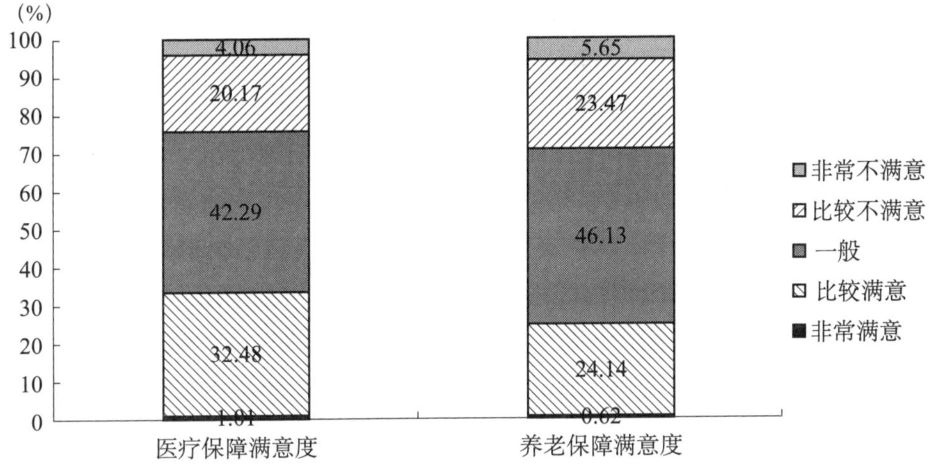

图 2　空巢老人对医疗保障和养老保障的满意度

（三）北京市空巢老人家庭的幸福感程度仍有待提升，特殊家庭需重点关注

虽然北京市大部分空巢老人对当前的生活比较满意，但是其家庭的幸福感水平并不高。根据“测量锚点”和“等比例方法”计算得出的标准化家庭主观幸福感评分显示，北京市空巢老人家庭的整体幸福感评分尚未达到基准值，仍有大幅提升的空间。而且，不同类型的空巢老人家庭，其幸福感状况存在较大差异（见表 1）。离异、丧偶的独居空巢家庭，子女均在外地的绝对空巢家庭，高龄空巢家庭以及单个子女家庭，由于在经济状况、精神慰藉、生活照料、社交网络等方面均处于更为劣势的地位，其幸福感的得分相对更低、生活质量不佳，对外界的帮助和支持有更为迫切的需求。

表 1　不同类型空巢家庭的标准化家庭幸福感评分

空巢家庭类型		标准化家庭幸福感评分（基准值：6 分）
不同居住地类型	非农业	5.245
	农业	5.221
不同家庭类型	夫妻健全家庭	5.257
	男老人家庭	4.996
	女老人家庭	5.034
不同年龄阶段	低龄空巢家庭（60～69 岁）	5.146
	中龄空巢家庭（70～79 岁）	5.377
	高龄空巢家庭（80 岁及以上）	5.304
不同空巢程度	绝对空巢家庭	5.133
	相对空巢家庭	5.223
不同子女数量	单个子女家庭	5.203
	多个子女家庭	5.247
不同空巢时长	小于 5 年	5.113
	5 到 10 年	5.237
	大于 10 年	5.280

（四）空巢老人养老独立性更强，对子女精神慰藉的需求远超物质支持

较之于传统老年人，空巢老人的养老独立性更强。在对未来养老地点的安排上，大部分空巢老人仍旧倾向于在家庭中养老。但是，与传统的在子女家养老不同，空巢老人更愿意在自己家养老，即独居或与配偶独立居住。调查结果

显示，仅有13%的空巢老人计划未来在子女家养老，而选择在自己家养老的空巢老人则接近一半。由于养老的地点一定程度上决定了养老的内容和养老的模式，在自己家而非在子女家养老意味着空巢老人更加偏爱“独立养老”。在空巢老人对养老方式的选择中，配偶所产生的影响也超过了子女的影响，有配偶的空巢老人更愿意在自己家居住而非去子女家或养老机构，子女的数量与性别则对其养老安排影响不大。同时，空巢老人的养老观念也发生了变化，在对“您同意‘养儿防老’吗?”这一问题的回答中，近五成空巢老人回答“不同意”，而回答“同意”的空巢老人只占二成，说明空巢老人对依靠子女养老的需求与期待较低。

伴随着养老观念与养老居住安排的变化，空巢老人对子女养老内容的需求也发生了转变。来自子女的经济支持已不再是老年人最重视的养老内容，子女所能提供的精神慰藉和日常照料对老年人而言更为重要。调查数据显示，在对子女最重要的孝敬形式的选择中（见图3），超过70%的空巢老人选择了“生活上照顾周到”和“主动关心”，而选择“多给钱”的比例则不到3%。随着经济的发展和社会保障水平的提高，老年人的经济安全较之以往更有保障，对来自子女的物质支持并没有十分迫切的需求。但是，与一般的老年人家庭相比，空巢老人更容易感到空虚寂寞，在日常生活中他们也常常缺乏与家人尤其是子女的互动，但又不愿意主动打扰、影响子女的生活。因此，希望子女“常回家看看”“多打电话”成为许多空巢老人的心理写照，而这也是提升空巢老人幸福感与满意度的重要途径。

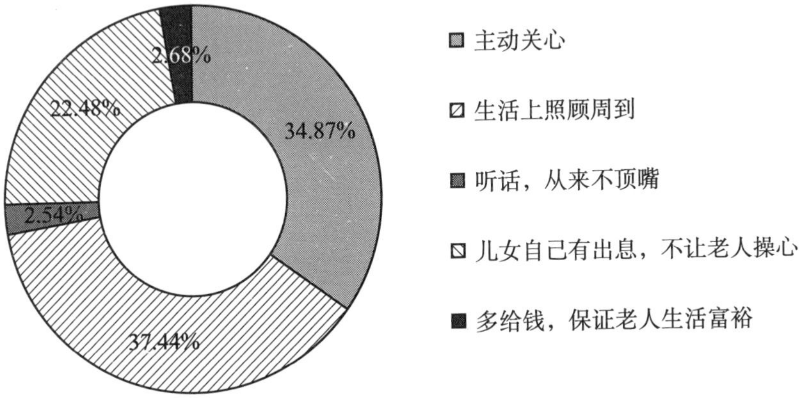

图3　空巢老人认为子女最重要的孝敬形式

（五）空巢老人对养老院印象不佳，机构养老意愿不强

在家庭难以负担日益沉重的养老压力的情况下，机构养老成为另一种可能的养老选择。然而，调查结果（见图 4）显示，有超过八成的空巢老人对养老院印象一般或很差，仅有 15%左右的空巢老人对养老院的印象较好。而当被问及在什么情况下会去养老院（见图 5）时，有超过七成的空巢老人表示当“身体不好，需要有人照料”或是“孤独寂寞，需要有人陪伴”时才会去养老院，还有超过两成的空巢老人表示“无论如何都不会去”，出于换个居住环境的考虑而去养老院的并不多见。也就是说，当前空巢老人选择去养老院居住往往并非是自己的主观意愿，而是迫于现实的客观情况。在家庭无法满足自己的照料需求和精神需求的情况下，才会选择去养老院居住。这一方面是由于中国传统文化的影响，老年人大多需要家人在精神上的支持、关心和帮助，喜欢居住在家中养老，而对于机构养老则有着情感上的排斥。另一方面是由于当前我国的机构养老发展并不完善，养老机构的基础设施、相关服务及其性价比并不尽如人意，无法吸引老年人的兴趣。值得注意的是，还有部分空巢老人表示等自己能负担起养老院养老的费用时就会去养老院，这也说明，对部分退休后收入较低的空巢老人而言，超出其承受能力的养老费用也阻碍了其选择养老院养老。

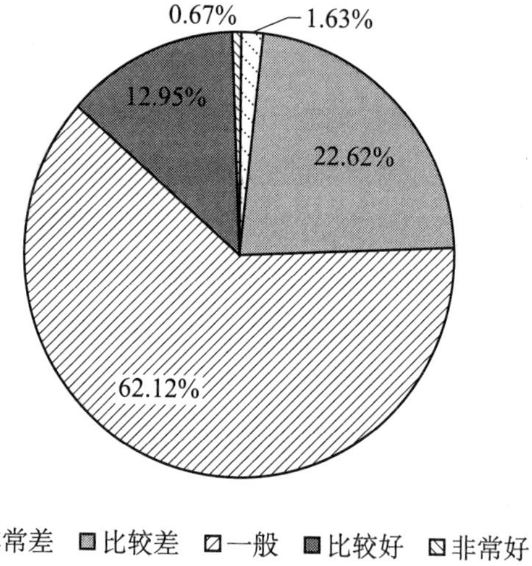

图 4　空巢老人对养老院的印象

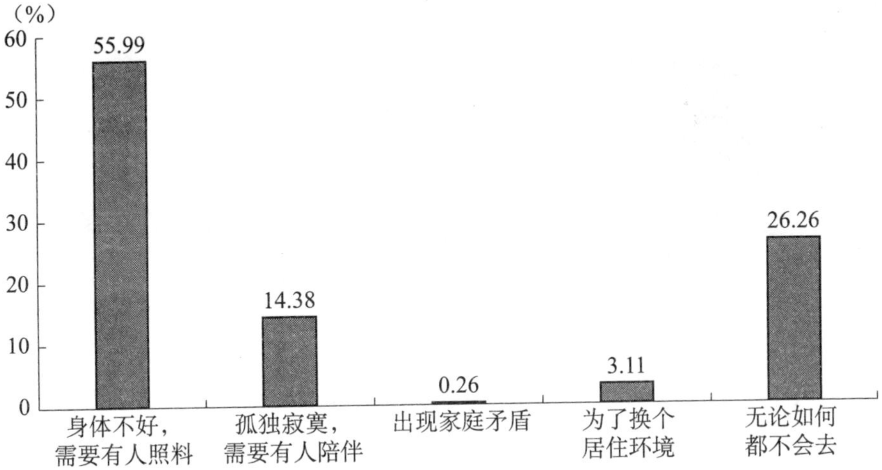

图 5　空巢老人在何种情况下会去养老院

二、北京市空巢老人家庭面临的主要问题

（一）经济状况不佳是北京市空巢老人面临的主要问题之一

良好的经济条件是空巢老人生活满意、幸福的物质基础，其对空巢老人生活方式和生活品质都有基础性的影响。在空巢老人对生活不满意的具体方面进行的选择中，“钱不够用”成为诸多空巢老人的首要选项。如图 6 所示：有 22.07%的空巢老人将其作为当前生活最不满意的第一位选择，另外还有 15.08%的老人将其排在第二位。对空巢老人而言，一方面，其获取收入的能力大大降低，大多依赖退休金、养老金或子女赡养而生活；另一方面，物价的变化和医疗需求的增加考验着空巢老人的经济承受能力和心理适应能力。“钱不够花”成为他们对经济生活状况变化的直观感受，影响着他们对当前生活的满意程度。

此外，有 17.88%的空巢老人将“住房条件太差”列为第一位要素，同时“住房条件太差”也是第二位要素中排名第一的选项。住房条件是经济状况的重要反映。作为空巢老人每日饮食起居的主要场所，住房条件的状况直接影响着空巢老人的生活环境状况和生活便利程度，从而影响着空巢老人的情绪好坏。

虽然物质生活的丰富与否并不必然决定空巢老人的生活满意度，但其无疑是空巢老人对生活产生满意感的前提和基础。调查反映出受访老人对物质条件最直观的感受——对“钱”与“住房”的重视程度超过了其他因素，说明在社会发

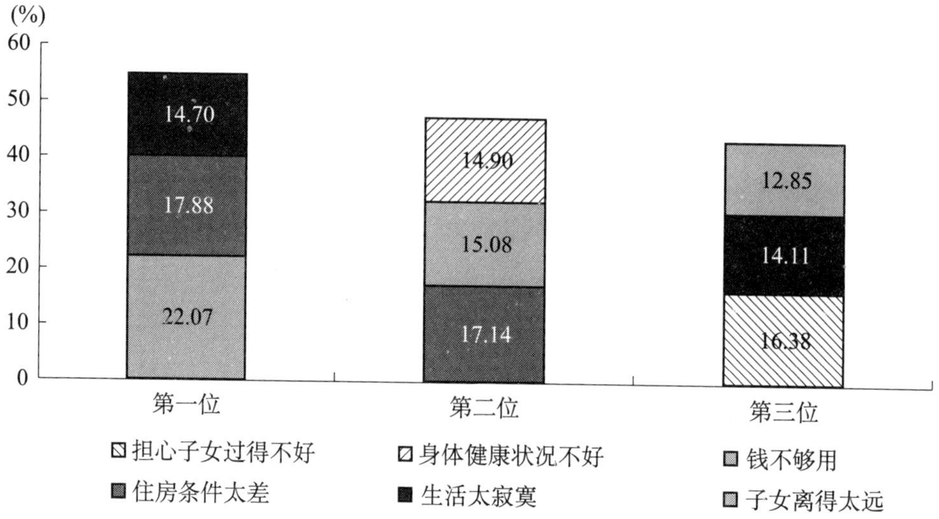

图 6　空巢老人前三位最不满意的方面中各自排名前三的选项

展节奏快、消费水平高的北京，空巢老人的物质需求仍有待满足，生活环境仍有待改善。

（二）身体健康状况不佳成为空巢老人当前生活中的重要问题

进入老年期后，随着年龄的增长，人体机能下降，老年人的感知觉能力都发生了退行性变化，容易受疾病影响。特别是慢性病、“老年病”，往往给老年人带来长期的困扰。身体健康状况不佳不仅直接影响老年人的日常生活起居，也会阻碍老年人的社会参与和娱乐休闲；对疾病的治疗和身体的调理不仅给老年人带来了沉重的经济负担，也占用了其大量时间。对空巢老人而言，由于子女不在身边，当身体健康出现状况，特别是逐渐丧失生活自理能力而需要他人照料时，往往只能依靠配偶互相支持，或花费大量资金雇用保姆、护工。调查结果显示，“身体健康状况不好”成为空巢老人最不满意的第二位要素中排序第三的选项。备选选项中，“照料他人负担过重”“与配偶关系不好”“子女不孝顺”“与邻里、朋友有纠纷”等选项都未进入前三位，而老人自身的身体健康状况不好却跻身前三，且有 14.90％的老人将其排在第二位，这一结果充分说明身体健康对空巢老人的日常生活至关重要。

（三）空巢老人的精神诉求值得关注，代际互动亟待加强

除了经济条件的困扰，不少空巢老人的精神需求也仍待满足。调查显示，对

于空巢老人生活中最不满意的方面，有14.70%的空巢老人将“生活太寂寞”排在第一位，有14.11%的空巢老人将其排在第三位；在第三位选项当中，与子女有关的选项成为主要选择。“担心子女过得不好”是第三位选项当中的第一名，有16.38%的空巢老人选择了该选项；另外，还有12.85%的空巢老人选择将“子女离得太远”排在了第三位。随着子女离家、退休等，空巢老人一般只与配偶共同居住或独自一人居住，社交网络也在不断缩小，生活较为单调。老年人常有儿孙绕膝、享天伦之乐的期待，但子女因距离太远、忙于工作等原因而鲜有时间联系父母，难以满足空巢老人的精神需求。此外，由于对新事物接受较慢，在当前线上社交、各类消费平台迅速发展的状况下，老年人往往成为被边缘化的群体，难以跟上时代的步伐。这种状况使得孤独、抑郁成为诸多老年人常见的心理问题，特别是独居、失独、高龄的空巢老人，其生活中的实际困难更多，心理问题尤其需要重视。如何更好地满足空巢老人的精神需求，成为当前值得关注的重要问题。

（四）未来的养老问题是大部分空巢老人的担忧

尽管养老独立性有所增强，但未来的养老问题仍旧是大部分空巢家庭必须面对的难题。调查结果（见图7）显示，有超过80%的空巢老人担心今后的养老问题。当身体较为健康、尚未丧失生活自理能力之时，空巢老人与那些和家人共同居住的老年人并无区别，可以独立生活；然而随着年龄的增长，当疾病来袭，甚至开始失能之时，由于远离子女和其他家人，如何养老、谁来养老就成为空巢老人和其整个家庭必须考虑、面对和解决的问题。

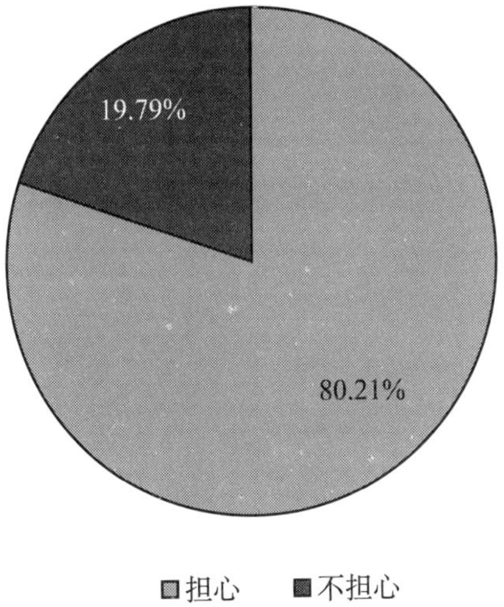

图7　空巢老人是否担心未来养老问题

当前，无论是家庭养老、居家养老还是机构养老都无法很好地满足北京市空巢老人的养老需求。对空巢老人而言，随着年龄的增长和身体健康状况的恶化，他们对于照护和陪伴的需求将会越来越高；然而，对空巢老人的子女特别是独生子女而言，他们担负着“上有老，下有小”的沉重压力，面临着工作与家庭难平衡的矛盾，尤其是在北京这样一个社会发展节奏快、消费水平高、竞争压力大的城市，如何承担赡养和照料父母的责任，是一个沉重而又现实的问题。

三、政策建议

空巢老人将日益成为北京市老年人中规模最大的群体，要满足空巢老人的切实需求，解决其实际困难，既要有短期性、应急性的举措，也要有长期性、前瞻性的安排。具体而言，可以有如下措施。

（一）完善社会保障体系，改善空巢老人的经济条件

空巢老人对于“经济状况不佳”的感受一方面源于退休后收入有限，另一方面也是物价、房价不断上涨的结果。特别是对于患有严重慢性病的老年人而言，医疗费用往往是其日常生活中的重要开支，成为老年人及其家庭的沉重负担。北京市作为首都，生活成本较高，而缺少日常子女支持的空巢老人往往只能依靠自己，未免有“捉襟见肘”之感。因此，需要充分发挥社会保障的作用。尤其是针对老年人有较高医疗支出的实际状况，需要进一步完善医疗保障制度，扩大覆盖面；此外，为处于更为弱势地位的高龄、丧偶、失独和没有退休金的空巢老人提供津贴和补助，通过政府购买服务为空巢老人提供政策优惠和减免，以满足空巢老人的基本生活需要。

（二）加强适老化、智能化设施建设，鼓励空巢老人积极参与社会活动

随着年龄的增长，空巢老人的身体机能下降是一种必然。由于远离子女、无人照料，空巢老人尤其需要实现无障碍地生活和出行，而目前传统的居住空间已不能有效满足空巢老人的生活需求。因此，应当出台强制性的适老化建筑标准，加强社区的适老化设施建设，针对身体健康状况不佳，尤其是生活已经不能完全自理的失能空巢老人设计、建设适老化和智能化的基础设施，对不适合老年人的陈旧建筑和设施则应加以改造。如为老旧小区加装电梯，在老年活动室配备轻便、可移动的桌椅便于老年人开展各项活动，在社区设置无障碍通道，在楼梯等

公共通道加装扶手，为有需求的老年人提供助浴间、帮助其洗澡等。对于家庭经济状况存在实际困难的空巢老人，可以由政府出资帮助其改造住宅，如在浴室安装扶手、更换老化管道管线、平整易绊脚的地面、安装火灾探测报警器等。除为失独、失智、失能老年人免费安装紧急医疗呼叫器外，建议充分利用物联网等现代科技手段，在更多小区推广安装针对空巢老人家庭的紧急呼叫和监控系统，为更多老年人提供全天候的紧急救助服务。适老化、智能化设施可以更好地满足空巢老人的生活需求，增强其生活自理的能力，减少照护需求，也减少其发生意外伤害的风险。

同时，通过各类宣传手段，进一步传播“积极老龄化”“老有所为”等理念，加强老年文体组织建设，为老年人的社会参与搭建平台、打开通道、提供保障，鼓励空巢老人走出家门，积极参与各类社会活动。一方面，鼓励空巢老人积极参与体育锻炼活动，保持身体健康；另一方面，鼓励空巢老人在老年志愿、老年教育、老年休闲娱乐等活动中继续发挥价值、拓展社交网络，以提升心理健康水平。

（三）为家庭提供支持，增强家庭照料能力

在家庭中养老是大部分老年人的诉求。家庭关系始终是影响空巢老人生活满意度和幸福感的重要因素，尤其是来自子女的关心和支持，能大大提升空巢老人的幸福感。因此，要加强宣传教育，鼓励、倡导空巢老人的子女表达对父母的关怀，“常回家看看”；也可通过现代通信工具与空巢老人加强联系，保持关心。此外，应当注意到部分空巢老人的子女虽不与父母共同居住，但仍然承担着大量的生活照料任务，在“自己家”和“父母家”之间来回奔波，也形成了巨大压力。因此，对这部分子女，一方面，要组织专业人员对其进行简单培训，帮助他们进一步了解老年人的特点和需要，并掌握照料老年人的基本知识，使他们尽自己所能关心自己家中老年人的身体和心理健康，积极支持老年人利用好居家养老的社区服务。另一方面，要通过政府购买，提供相对应的喘息服务，给子女一点“喘息”时间，防止其在身体上和精神上产生过大的压力。同时，还可以通过为照料父母的子女提供生活补贴、提供带薪假期等方式，减轻子女的经济压力，提高子女照料父母的可持续性。

（四）细分空巢老人服务需求，提供个性化、差异化的居家养老服务

调研结果表明，空巢老人大多需要家人在精神上的支持、关心和帮助，喜欢

居住在家中养老，而不愿意选择机构养老，但是，空巢老人的养老需求却日益无法仅依靠家庭来满足。因此，在“居家”与“养老”的共同要求下，居家养老社区服务是当前较为适宜北京市空巢老人的养老方式。

虽然北京市的居家养老社区服务已经发展多年，但无论是服务的覆盖人群还是服务的内容品质都有继续提升的空间。面对异质性强的空巢老人群体及其多样化的居家养老服务需求，应当改变当前经验式、粗犷式的发展方式，实现精细化、产业化发展，针对不同类型的老年群体提供不同层次的个性化居家养老服务。具体而言，针对刚退休的、身体健康的低龄老人，可采用弹性服务方式，如提供老年活动、娱乐场所以及陪同购物、陪同旅游等服务项目，甚至可以让其成为服务的提供者，来满足老年人自尊和自我实现的需求；针对生活基本能自理，但又需要一定照料服务的中高龄老人，应采取日间护理中心、托老所、老年康复站等服务形式，使老人既能量力参加社区组织的各种有益身心健康的文娱活动，又能在日间护理中心或老年康复站接受所需的护理和康复服务；针对高龄、生活无法自理的空巢老人，应为其提供医疗、护理、购物、餐饮、家务、心理咨询等全方位服务，满足其基本生活和健康康复需求；针对独居、残疾老人，应该充分发挥青年志愿者的作用，将大学及中学的青年志愿者与社区老人结成对子，组成临时“家庭”，让青年学生向需要帮助的老人伸出援助之手，使身处困境的老人能够及时得到帮助；针对经济状况较好、对生活质量要求较高的老年人，可充分引入市场机制，由企业为老年人提供差异化的付费服务。通过“按需供给”的原则设计、开展北京市居家养老服务体系建设，能够真正满足老年人需求，并实现居家养老服务市场的可持续发展。

（五）充分利用现代技术，通过智慧养老满足空巢老人新需求

当前，在制定相应政策时需要考虑到“新”老年人的“新”特点、“新”需求：受教育水平较高、对新事物的接受能力较强、物质条件更加优越、精神文娱需求进一步增多。因此，除了继续充分依托社区现有的基础设施和服务经验，组织常规文化娱乐活动和体育锻炼活动，并为老年人提供满足其需要的正规场地之外，社区养老服务中心和青年志愿者还可以为空巢老人提供微信聊天、网络购物、在线看视频、线上游戏等新技术的培训班，在空巢老人中普及互联网技术；通过建立社区老年公众号，宣传健康老龄化、积极老龄化、老有所为等理念，传播科学的健康知识、生活小常识，同时还可以利用公众号为老年人提供交友、寻求帮助的平台，这样能够便利空巢老人的生活，充实空巢老人的精神世界，为空

巢老人的生活增添色彩，提升其生活自理能力和社会参与能力，同时也将有助于加强空巢老人与子女及其他亲朋好友的沟通，有益于家庭和谐，提升空巢老人的生活幸福感；可以与一些高科技企业合作，研发、生产面向老年人的文化娱乐产品、远程医疗产品、在线购物产品等，为其提供税收减免、优惠补贴、专项项目帮扶等，充分开发和扩大老年文化娱乐消费市场。

当前形势下城市街道、社区管理体制立法必要性分析*

郑　翔**

北京交通大学法学院

近几十年来，随着我国的政治、经济、社会等各个方面发生根本性变化，市场经济体制的建立、政府转型、社会变革与转型等，街道、社区管理体制的具体内涵和其在城市基层社会管理中的地位也发生了很大变化，但是自新中国成立初期就有的有关城市街道、社区管理体制的法律规范却始终没有做出相应调整与改变。街道、社区管理体制的改革创新无论是在内涵上还是在外延上，都突破了原有法律法规的界限，都是对现有法律法规的超越和“违反”。这种超越和“违反”既是实践者基于发展了的客观现实做出的顺应社会发展潮流的无奈之举，也意味着实践者要背负巨大的风险，这又使其在改革中顾虑重重，约束和羁绊了改革的进程。因此，根据已经发展了的社会现实，总结街道、社区管理体制改革的成功经验，修订或重新制定相应法律法规，已显得非常必要和迫切。本文试图从理论必要性和现实必要性两个层面对城市街道、社区管理体制的立法必要性进行分析。理论必要性的分析立足于现有法律法规存在的不足，现实必要性的分析则立足于当前形势下街道、社区管理体制所面临的挑战。

---

* 本文为北京市委社会工委决策咨询研究课题《北京市街道、社区管理体制立法前景研究》、北京老龄居养老产业促进中心课题《修订北京市老年人权益保障条例》立法调研课题研究阶段性成果之一。

** 作者简介：郑翔，女，北京交通大学法学院副教授；研究方向：经济法学、立法学。

一、城市街道、社区管理体制立法的理论必要性分析——现有法律法规存在的不足

1954年12月31日全国人民代表大会常务委员会第四次会议通过了《城市街道办事处组织条例》，2009年6月27日第十一届全国人民代表大会常务委员会第九次会议通过《全国人民代表大会常务委员会关于废止部分法律的决定》，废止了《城市街道办事处组织条例》。该条例虽然已经废止，但是城市街道办事处作为设区的城市区人民政府的派出机关，在实践中发挥着巨大作用。

从严格的文本意义上看，目前我国还没有一个完整的城市社区管理的法律框架，只存在着一个社区管理法律制度的基本架构，大致包括《宪法》、《城市居民委员会组织法》和政府部委规定以及地方性法规和部门规章。在宪法中，已经明确城市居委会的性质为“基层群众性自治组织”，并对其产生方式、组成设置和任务等问题进行了总体的原则性规定。《城市居民委员会组织法》（1989年）是社区管理体制的基本法，该法共23条，将居民委员会定位为“居民自我管理、自我教育、自我服务的基层群众性自治组织”，将居民委员会与政府的关系规定为“政府或者它的派出机关对居民委员会的工作给予指导、支持和帮助。居民委员会协助不设区的市、市辖区的人民政府或者它的派出机关开展工作”。较详细地规定了居委会宣传法律、办理公共事务、公益事业和调解民间纠纷等六项任务。此外，民政部门和相关部委制定多部关于社区管理体制的法规性文件，如《民政部关于在全国推进城市社区建设的意见》（2000年），明确了城市社区建设的指导思想、基本原则和主要目标。《中共中央、国务院关于加强和完善城乡社区治理的意见》（2017年），提出完善城乡社区治理的具体要求。同时，随着城市街道、社区管理体制和机制改革的不断深入，各级地方立法和行政机关也出台了一些相关的法律法规。如《上海市街道办事处条例》（2016年）、《北京市社区管理办法（试行）》和《北京市社区工作者管理办法（试行）》（2008年）等。

城市街道、社区管理体制现有法律法规存在以下不足。

（一）缺乏街道、社区的基本管理法

我国现有街道、社区管理体制法律法规内容严重滞后，无法适应城市社区建设与治理的需要，核心的问题是尚未制定确立街道、社区基本法律地位的主干立法。这是因为《城市街道办事处组织条例》已经废止，而《城市居民委员会组织

法》虽然是当前城市基层管理体制制度的核心法律规范，但却没有涉及城市街道、社区管理制度的相关规定。在“社区”已经从事实上代替了“居委会”的职能成为城市主要的基层自治组织形式后，有关社区界定、社区性质和地位、社区建设与治理等内容的具有统率性和纲领性的主干立法却长期处于空白，导致城市社区治理一直处于无法可依的状态，这也直接引发了社区组织主体界定模糊、基层政府与社区自治组织法律地位不明、社区治理主体权利义务不清、社区自治组织内生发展动力不足等一系列问题。

（二）街道和社区法律地位不够明确

我国《宪法》第111条明确规定了城市中的居民委员会和农村中的村民委员会是基层群众性自治组织①。随着社区治理的发展，实践中又出现了社区成员代表大会、社区协商议事会、社区管理委员会等其他社区自治组织形式，但宪法和法律并未明确这些新型组织形式的法律地位②。

1. 街道法律地位的困惑

1954年的《城市街道办事处组织条例》和1979年的《地方组织法》都明文规定了街道办事处是派出机关，而非一级政府。从字面上看，“两级政府、三级管理”的提法只承认市、区“两级政府”，把“街道办事处”视为一级“管理”机构，而非一级“政府”，但从逻辑上讲，能够行使国家一级管理权能的主体，只能是一级政府。故“三级管理”必然蕴含着“三级政府”的含义。实际上，确立“街道办事处”对辖区管理负总责地位，由“街道办事处”对辖区内地区性、社会性、群众性、公益性的工作负全面责任，能担当此任的只能是一级政府。此外，相关法律对“街道办事处”本身该做什么、不该做什么缺乏明确的规定，这导致“街道办事处”往往难以依法行政，“以行政代替法律”或越权管理等现象时有发生。

街道办事处是城市行政组织架构和行政权力的最末端，是市、区两级政府与城市社会最基层的接触面，也是市、区政府与社会互动的基础平台。城市改革的

① 《宪法》第111条规定：城市和农村按居民居住地区设立的居民委员会或者村民委员会是基层群众性自治组织。居民委员会、村民委员会的主任、副主任和委员由居民选举。居民委员会、村民委员会同基层政权的相互关系由法律规定。居民委员会、村民委员会设人民调解、治安保卫、公共卫生等委员会，办理本居住地区的公共事务和公益事业，调解民间纠纷，协助维护社会治安，并且向人民政府反映群众的意见、要求和提出建议。

② 吴克昌．中国城市社区民主自治的理论与实践研究．北京：人民出版社，2009：164.

展开和深入，使得街道办事处成了自上而下以职能转变为核心的行政体制改革与自下而上以居民自治和社会自治为核心的社区体制改革交汇点，成了当前整个城市管理的最前沿和基础平台。历史条件和历史任务变化，使得街道办事处职能膨胀，任务加重，责任加大，但相关法律和制度规定的街道办事处职权仍停留在长期计划经济体制下作为单位体制辅助地位的限定，与新形势、新任务相比，街道办事处的职权以及各种资源（人、财、物、制度、信息等）严重不足，职责与权限严重失衡，条块分割、条块矛盾普遍存在。这导致在城市实际管理中，“看得见、摸得着、无权管”“有权管、看不见”的现象普遍存在，造成了“有能力管的无权管、有权管的无能力管”的局面，城市管理显现“纵向管不到底、横向管不到边”的严重弊端。因而，从体制上彻底改变这一问题也就成了改革开放后街道办事处改革的根本出发点。而且随着工业化、城市化、现代化的发展，现在的街道办事处不仅负责城市管理，还承担着发展经济、招商引资的任务，并执行政府各职能部门布置的任务，但是按照法律规定，街道办事处对辖区内单位和部门没有协调权，当然更谈不上管理权。

此外，从街道的内设机构来看，存在着区、街管理职能划分不清，街道承担大量不属于自己管理职能的工作，街道科室设置追求与区政府相关机构对应，分工过细，科室设置过多，横向协调成本高，综合管理和协调的难度大等问题。

2. 社区法律地位的困惑

1986 年民政部就配合城市经济体制改革和社会保障制度建设，倡导在城市基层开展以民政对象为服务主体的“社区服务”，首次将“社区”这一概念引入城市管理。居民委员会作为我国的基层群众性自治组织，具有基层性、独立性、自治性的特征，它独立于政府的行政体系之外，上级政府及派出机关与其是指导和帮助的关系，基层群众性自治组织是非权力型的自治，是一种社会自治。就目前社区的法律地位而言，“街居行政体系”构成了社区建设的主体，这无疑给社区的概念注入了行政色彩，社区似乎成为街道办事处的“派出机构”，由于居民委员会没有财政收入，开展工作的一切费用如工作经费、人员津贴、招聘社工费用等都要依托于街道拨款，因此在没有财权独立的前提下很难拥有独立的事权自治[①]。然而，社区作为一种自发形成的社会文化共同体，是否具有某种行政职能？社区有着怎样的法律地位？政府（及派出机关）应在社区建设中扮演怎样的

① 卢剑锋．社区治理的法治思考．科学·经济·社会，2008（4）．

角色？这些都成为社区法制建设面临的棘手问题[①]。

3. 社区与居委会二者关系存在分歧

学术界和实务界对在立法中采取何种方式协调社区与居委会的制度关系尚未形成一致意见。有观点认为，居委会已经完成了历史使命，伴随着城市社区的实践和发展，居委会面临进一步被边缘化的问题，最终必然被社区从法律制度上取代；但是也有观点主张，居委会的存在与社区的建设发展并不矛盾，“居委会将是以社会自组织治理的方式，推动社区治理主体从‘机械团结’向‘有机团结’转变的关键”[②]。由此可见，居委会与社区治理主体的结构性关系和功能性分解目前还没有形成共识，需要进一步研究和论证。

居民委员会与其他基层组织之间的职能关系不够清晰，产生冲突的概率较高。其中尤以居民委员会与业主委员会的冲突最为明显。业主委员会与居民委员会虽然都具有一定的群众自治性组织特征，但二者在权能属性、设立标准、服务对象等方面都存在差异。二者本该是相互补充、相互协作的关系，与此同时，居民委员会有着对业主委员会的监督义务。遗憾的是，这种监督义务往往成为居民委员会对业主委员会取而代之的依据，在现实中蜕变为一种管理关系或替代关系。

（三）政府和社区之间的关系定位不清晰

社区行政化是我国社会转型、经济转轨前期为了社会稳定而运用较为普遍的一种基层管控的方式。不仅表现在社区的居民委员会承接和支撑基层政府及其职能部门决策执行和行政执法所需要的大量辅助事务，而且表现在维护社会稳定、实现政府目标方面，街道办事处乃至居民委员会被要求履行一定的发展经济、治安防控与几乎类同政府的多方面的职能活动；更由此在基层政府与居民委员会之间，日益形成不断牢固的行政隶属或管理关系。居民委员会的过度行政化倾向使其偏离了自治组织的性质，进而拥有了和基层政府类似的“双重代理人”身份。

1. 政府在社区管理中的“越位”与“缺位”

《城市居民委员会组织法》第 3 条第 6 款规定，居民委员会向人民政府或者它的派出机关反映居民的意见、要求和提出建议，第 10 条规定，居民委员会向

① 赵静波．社区立法必要性探析．长春理工大学学报（社会科学版），2004（6）．

② 刘玉东，风笑天．法律的规则效应与居委会的组织建设．国家行政学院学报，2013（12）．

居民会议负责并报告工作。这些规定表明社区居委会作为居民自治组织，应该代表和维护居民利益并及时向政府反映居民需求。但该法第 2 条又规定，居民委员会要协助不设区的市、市辖区的人民政府或者它的派出机关开展工作。根据该条规定，社区居委会还要听取政府的指令，这使得居委会在履行自治职能的同时还要承担行政职能，而实践中许多居委会本来资源和能力就十分有限，其承担的额外行政职能严重损害了其自治职能。居委会不属于政府派出机构，不具有政权性质，具有自治性，有自己的自治范围，且政府与居委会之间是指导与协助的关系，但是，当前政府的管理事务增多，自己很难处理如此之多的事情，通常政府会将一些事务交给社区，甚至将一些行政性事务也交给社区办理，比如环境卫生、社会治安、物业管理、民政帮困、计划生育、纠纷调解、宣传教育、文明达标、收款收费和人口普查等。

现有法律规定的模糊性给了地方政府在社区自治中较大的自由裁量介入空间，部分政府在行政惯性和路径依赖的作用下，频频挤占社区自治组织的自治空间，使得正常的自治组织力量和机制难以有效发挥作用。一方面体现为“越位”，管了很多不该管的事情。自觉或不自觉地将社区自治组织尤其是居委会作为依附于政府的附属单位或下属单位，并且直接干预自治组织的自治权利。政府常常直接介入本应由社区自己管理的事务，如社区居委会的选举、社区的公益慈善活动、体育文化活动、志愿者活动等。政府对社区的管理也不到位，表现在对社区的财政投入、社区规划等方面，而且也缺乏对社区内的服务项目的规范和指导。关于社区居委会的选举，《城市居民委员会组织法》第 8 条规定：“居民委员会主任、副主任和委员，由本居住地区全体有选举权的居民或者由每户派代表选举产生。”但实际上政府的介入和控制较多，居委会的选举并没有实现实质意义上的普选，居委会主要成员的候选人是由政府推荐或指定的，这样会使选举流于形式，会造成居委会成员不能客观地向政府反映民意，容易使居委会成为政府的“附属单位”；在实际中，居委会也没有财产管理权，经费、工资等基本是由政府划拨的，这使政府的负担加重，更使社区对政府的依附性加强，而且在大多数情况下，居委会为政府办事常常是免费的，它在完成行政事务过程中也会产生一些费用，但政府通常不能及时拨付经费甚至克扣，很难做到费随事转。另一方面体现为“缺位”，当前政府对社区的管理还存在一些问题，无法适应经济社会发展的新形势、新变化。主要表现在对社区管理能力的不足。仅靠政府显然无法应对日趋庞杂的社区管理任务，特别是在信息化时代，网络技术制造出全新的电子空间，对互联网的治理成为一项重要的社区管理任务。

但是政府对社区的管理经常反应迟钝、行动迟缓，跟不上经济、社会发展节奏。该做的没有做到、做好，对社区自治组织的政策指导不到位，对社区自治机构的资助性投入不到位，对社区社会组织的培育不到位。此外，对强制性管理方式的过度迷信反而容易增加管理主体与管理对象之间的对立，激化社会矛盾。而且由于传统社会管理模式存在管理能力不足和管理效果不佳的问题，公众因此对国家缺乏信任，对社会管理状况不满意，进而对社会管理的正当性提出挑战①。

2. 居民委员会在“行政”与“自治”之间的角色定位难以明确

现行法律既规定了居委会的自治性质，又赋予了其协助政府及其派出机构开展工作的法定职责，导致其承担了双重角色。由于政府垄断了大量资源，居委会服务社区居民的时间被政府的工作所挤占。本来应该是代表社区与政府进行互动、作为社区的发言人向政府表达社区利益和需求，并在一定程度上监督制约基层政府的居委会组织，在实际中反而成了基层政府在社区的发言人，要协助政府对社区进行管理与控制②。

社区居委会承担着“对上对下”的责任，但政府会定期或不定期的对其工作进行评价和考核，而不是由居民监督他们的工作，这样导致居委会把大量工作时间和精力都放在了处理政府的行政性事务上，忽视了为居民利益着想，忽视了与居民的交流，忽视了为居民服务的质量和效率，行政化的趋向比较严重，这与它本身的性质是不相符的。社区对政府的依附和二者的职责不清都影响了社区自治的发展，影响了社区居委会的自主性、独立性，使居委会的民主管理和自治管理很难实现。

（四）社区管理内容存在缺失

街道、社区治理立法涉及社区公共服务、社区环境管理、社区卫生服务管理、社区文化建设、社区教育、社区纠纷解决、社区建设经费保障、社区工作者队伍建设等多个环节，然而目前在社区文化建设、社区教育、社区建设经费保障方面的立法还相当欠缺。到目前为止，在社区服务方面，各基层组织还没有通过自己的立法权力去确立一项关乎社区服务的法律，不成熟的立法技术使得社区治

① 罗豪才，苗志江．社会管理创新中的软法之治．法学杂志，2011（12）．

② 于淋淋，谭丽．城市社区自治的法律制度研究．山东省农业管理干部学院学报，2013（5）．

理表面上拥有法律的保障，实际上则是缺乏相应规则就开展工作①。

社区参与机制中的投入和保障等机制不尽完善，要想社区居民参与社区事务必须有物质和资金上的支持，否则很难开展工作，目前社区建设经费主要靠政府拨付，但是政府事务繁多，很难有充足的资金供社区使用，社区又缺少其他经济来源，因此经常会出现经费不足的问题，影响了社区自治发展；我国在社区居民参与上缺少法律规制，在法律上缺乏对居民参与的权利、义务、程序的保障，缺乏法律上的可操作性，政府的行政干预较多且具有较大的随意性，这使居民参与社区事务的积极性降低。

在社区建设中，社区中介组织的发展很不成熟，政府对其培育扶植力度不够，对其管理和监督力度不够，而且关于社区中介组织的法律也不健全，造成中介组织的成立和发展无法可依、无章可循，并且对于其违法行为也不能得到及时惩处，这都不利于中介组织的规范运作。

二、城市街道、社区管理体制立法的现实必要性分析——当前形势下街道、社区管理体制所面临挑战

（一）全面深化改革和全面依法治国对街道、社区管理体制的挑战

全面深化改革和全面依法治国是“四个全面”战略布局的重要内容，全面依法治国，是全面深化改革的“姊妹篇”，二者共同形成“鸟之两翼、车之双轮”；对于全面依法治国，改革是齐头并进的姊妹篇，全面深化改革需要法治保障，全面依法治国也需要深化改革。立法是实现依法治国、建设社会主义法治国家的前提和基础。依法治国的理念对地方立法工作发生实实在在的约束效力。实现立法和改革决策相衔接，做到重大改革立法有据、立法主动适应改革和经济社会发展需要。法律在社区治理中扮演着重要角色。一方面，法律在推动制度变革方面具有其他社会规范无法比拟的独特优势，现代国家的制度改革大都通过法律变革而实现，社区治理同样离不开法律的保障。另一方面，在依法治国已经成为我国基本治国方略的时代，一切改革措施都要符合法治的理念、价值和原则，才具有合法性和权威性。

① 盘森，陈涛．社区治理法律问题研究．法制博览，2015（3）．

所谓法治，是指依靠完备而有效的法律制度来治理和管理社会和国家。实行法治，意味着把宪法和法律作为国家和社会生活运转的基本准则，任何国家机关、政党、团体和个人都必须在宪法和法律的范围内进行活动，社会成员的活动普遍符合一种良好而又完备的法律规范。换言之，现代法律规范是一个国家和社会最普通、最基本的社会规范，其他一切社会规范和社会活动必须置于它之下，受制于它。

城市社区具有经济、政治、文化、社会管理和社会整合等多种功能。社区成员虽对社区具有一定的归属感和认同感，但是社区成员类型多样化，社区内部的个体具有异质性程度高的特点。社区是城市构成的基本细胞，也是城市化管理的基本模式之一，对社区进行规划、建设、管理的规范化、法制化就显得尤为必要了：

（1）社区是城市规模化发展的结构和基础，社区结构的合理性、合法性制约着城市的良性循环和以后的扩大发展。

（2）社区是构建城市和谐人际关系的结构和基础，适当规范社区的性质、职能，能够厘清社区与物业公司、业主委员会的关系，促进社区和谐，从而塑造和谐与稳定的城市环境。

（3）社区是城市可持续发展的结构和基础。社区规划和管理的法制化，不但能够最大限度地给单位及居民提供良好的生活环境和秩序，也能增强人们的环保意识与法律意识。

（4）社区规划和管理的规范化是打造幸福城市的基础。帮助政府摆脱对社会事务的具体服务，通过法律、政策等手段，引导、支持、帮助社区实现“小政府、大社会”的管理格局，为政府管理社会的模式提供了一种建议，有一定应用价值。

（5）城市社区管理模式法制化也是现代城市管理模式的重要趋势，随着城市化进程的加快，城市社区管理的法制化必然成为城市管理模式的重中之重。由于法律有强制性、规范性和稳定性的特点，它能起到行政手段、经济手段起不到的特殊作用。通过制定地方性的法律法规和规章，明确城市管理各部门的职责、权限与范围，明确政府机关和社区自治机关的关系，能够保障民众诉求和利益，有利于城市健康稳定的发展，有利于平安社区的建设。

（二）全面加强党的建设对街道、社区管理体制的挑战

党的十九大报告提出，全面推进党的政治建设、思想建设、组织建设、作风

建设、纪律建设，把制度建设贯穿其中，深入推进反腐败斗争。党的建设面临的新形势主要是社会转型和社会失范问题。社会转型中出现的特点是社会分层明显、社会流动加快、社会组织类型和数量增多以及社会分工多样化。社会失范主要表现在公民权生长和自治制度不完善、单位制度解体和管理主体缺失、公共需求增长和公共产品短缺、精神文明建设遇到困难和核心价值体系受到冲击等方面。党在面对我国社会转型期的新情况和新问题时，选择了社区建设道路来整合基层社会，来构建和谐社会。面对社会分层、社会流动、社会组织、社会分工等新情况以及它们带来的矛盾和问题，人们逐步意识到：一个人可以不固定地从事一项工作，不固定地工作在一个单位，但他必定生活在一个社区里，所以社区式管理是适应社会主义市场经济体制的一种有效模式。

随着改革的深化、经济的发展和城市化进程的加快，城市基层社会结构正在发生深刻的变化，城市社区的工作对象扩大了，职能增加了，其地位和作用显得越来越重要，加强城市社区建设已经成为我国城市改革和发展面临的一项重要而紧迫的任务。随着城市管理体制改革的深化和城市管理重心的下移，社区在服务城市管理、凝聚居民群众、化解社会矛盾、推动城市经济社会又好又快发展中的服务保障作用越来越重要。加强党的建设是街道、社区工作的重点内容，如何将党的建设落实到街道、社区层面，是值得研究的问题。

（三）特大型城市的“城市病”对街道、社区管理体制的挑战

城市病是指由于城市人口、工业、交通运输过度集中而造成的种种弊病。它给生活在城市中的人们带来了烦恼和不便，也对城市的运行产生了一些影响，所以被人们形象地称为“城市病”。解决“城市病”，不是一朝一夕能完成的，从微观角度来考虑就需要进行街道、社区治理的规范化。

在特大城市中，“单位制”已经衰落，单位对政府的行政隶属关系和依赖性日益弱化，职工对单位的利益依附日益弱化，单位对职工的利益关系的整合功能日益弱化。这种体制以及功能的衰落导致了单位不再也不能办社会，其大量社会职能逐步被剥离，流向街道，流向社区，流向社会，“单位人”逐步转化为“社区人”“社会人”。城市社区地位得到提升，作用开始彰显，街道、社区体制成为“后单位时期”社会整合的基础平台。

伴随着城市化进程的加快，城市的规模急剧增大，城市功能得到了迅速的扩展，这就不可避免地产生了大量的城市问题：外来民工、流动人口的管理问题，伴随着企业改制而出现的大量下岗、失业问题，大量旧区改造、新区建设和城市

文明观念传播过程中的社会动员问题，关注和救助各类社会弱势群体问题，老年养老和社会保障问题，等等。这些问题的解决关乎民生，关乎社会基层稳定，进而关乎改革开放大业能否可持续深入进行。上述诸多社会问题的解决离不开街道、社区体制作用的发挥，街道办事处、居民委员会也成了进行基层社会管理、维护社会基本稳定的最前沿。

（四）社区居民自治需求对街道、社区管理体制的挑战

科学立法的本质，是准确反映和体现法所调整社会关系的客观规律，同时要遵循法律体系的内在规律。民主立法的本质，是保障和实现人民民主，使人民的利益诉求在民主与法治的框架下充分表达出来，有效汇集起来，通过立法程序上升为国家意志。街道、社区管理必须准确反映民众呼声，回应居民需求，因此应该通过完全立法来提升街道、社区管理的科学化和民主化。

完善城市街道、社区立法是顺应社区居民自治需求的必然要求。随着经济社会的发展尤其是“单位制”的解体，社区的地位功能不断提升，社区日益成为获得基本生活服务、协调人际关系、平衡各种利益、重构生活方式最重要的生活空间。伴随着社区共同利益、共同意识的兴起与人们的法制意识、权利意识、公民意识、参政意识的日益增强，加强社区自治日益成为居民的呼声。立法本身就是将群众的需求用法律的形式固定下来。

目前，行政规划、协调和行政督促是社区自治参与的主要动力。居民参与社区活动主要是通过政府和社区居委会的组织和召集，当政府和居委会认为居民需要参加社区事务时，就会通知居民或居民代表开会，布置、传达政府的政策、通知或政府有关部门的要求等。这种参与形式具有被动性和随意性，不能表达社区居民的真正想法和需求，不能促使居民主动自觉地参与。而且社区治理参与主体范围狭窄，一般是离退休人员、青少年和领取最低生活保障金的人员，其他中青年等群体则很少参与，政府和社区居委会也缺少专业的社区工作人员。参与人员的缺乏在某种程度上也影响了社区活动形式的多样化，参与形式单一，且层次不高。目前社区居民主要参与一些非决策性、非管理性的社会和文化活动如文艺表演、巡逻、书画诗词展等，居民很少参与涉及公共权力的事务。在我国的城市社区中，实际上有的居民很想参与社区事务，有参与的愿望，他们认为社区参与是居民应有的一项权利，但是由于政府对社区各方面的干预和其他原因等，居民对于决策性和管理性事务无权参与，这造成社区事务的参与形式单一，影响了社区居民的参与热情，降低了参与率。

针对目前街道、社区立法中存在的内容方面的问题，立法部门应当根据社会发展变化及时地进行立法，尽早制定一部街道、社区管理的综合性立法并做好相关配套工作，不断提高街道社区立法的体系性和完备性。应适应社会的需要，大胆借鉴国外先进做法，并吸收已被实践证明了的成熟经验，不断提高立法质量。同时重视与社区治理相关的程序法建设，为社会矛盾和纠纷的解决提供制度性通道。

老年人新型权益法律问题研究*

郑翔 党锐**
北京交通大学法学院

随着社会发展、民主进步，老年人的能力以及需求均呈现出多样化的趋势，老年人权益的表现形式也呈现出多种形态。重视保障老年人的权益，是促进老年人身心健康的需要，也是目前我国老龄化社会的现实需要。老年人的权益保障直接影响着老年人晚年的生活质量，因此应该切实了解在现实生活中，老年人的权益具体有哪些，特别是在新形势下，老年人新型权益的具体表现是什么，从而在法律层面上给予保护。

一、老年人新型权益的主要表现形式

当前我国老年人发展中的突出特点是，相对年轻的老年人增长速度较快，刚刚步入老年阶段的许多人都曾经受过良好的教育，突出体现为知识层面较高、文化精神需求高的特点，而且有一大批老人会使用互联网，并且已经形成了区别于年轻人的互联网文化①。这一批老年人除了具有作为普通公民的基本权益以外，还产生了一些新型的权益需求。具体来看，主要有以下几种：

---

* 本文为北京市委社会工委决策咨询研究课题《北京市街道、社区管理体制立法前景研究》、北京老龄居养老产业促进中心课题《修订北京市老年人权益保障条例》立法调研课题研究阶段性成果之一。

** 作者简介：郑翔，女，北京交通大学法学院副教授，研究方向：经济法学、立法学；党锐，女，北京交通大学法学院经济法专业研究生。

① 根据中国互联网络信息中心发布的数据，越来越多的中老年人融入互联网，他们与年轻人在接入方面（包括设备、基础设施、技能等）的差异逐渐缩小，但在互联网应用方面依然相对弱势。他们通过自己的生活经验构建了独特的互联网使用方式，形成了区别于年轻人的互联网文化。参见田丰．我国中老年人互联网生活研究报告．光明日报，2018－03－22.

1. 精神赡养权

老年人的精神赡养权是指在家庭生活中，老年人获得家庭成员对其精神生活的理解、尊重、关心、体贴和在精神上得到慰藉的权利。精神赡养权的特点主要有：(1) 精神赡养权兼具法律与道德的双重属性。《老年人权益保障法》第 18 条明确规定了家庭成员应关心老年人的精神需求，经常看望问候老人，并且规定了用人单位应保障赡养人探亲休假的权利①。通过法律将道德层面上的"孝"上升为法定的义务。有些地方甚至已经在老年人权益保护地方法规中明确了单位应当保障职工的探亲假，以维护老年人的精神赡养权②。(2) 精神赡养权的义务主体为有赡养义务的家庭成员。(3) 精神赡养权是基于亲属关系而设定的权利。社会由一个个的家庭组成，保障老年人的精神赡养权是家庭和谐稳定的重要手段，更是促进社会和谐的需要。受计划生育政策的影响，我国许多家庭为独生子女家庭，子女无暇照顾父母，即便是多子女家庭，子女之间为了免除照顾父母的负担相互"踢皮球"，认为只要给父母支付赡养金就算是履行了赡养义务，而忽视了对父母的探望与照顾，老年人的精神需求无法得到满足。

2. 网络虚拟财产权

网络虚拟财产也被称为虚拟财产，是存在于网络媒介中以数字信息为表现形式的网络权益，是一种能为人所支配的具有价值的权利，是财产在网络虚拟空间的表现形式，是受到相关法规保护的一种财产。网络虚拟财产作为网络环境中具有价值的权利集合，体现了财产在信息环境下新的表现形式，具有鲜明的时代性，它是财产概念的现实扩展和适应时代要求的延伸③。由于网络的普及和老年人受教育程度的提升，老年人上网的数量逐渐增多，越来越多的老年人拥有属于自己的网络财产。例如老年人在网络平台上储存照片来纪念美好瞬间，发表博文来抒发内心情感，通过电子邮件寄托相思。在某些电子游戏中，电子游戏存档是他们给后代留下的一份宝贵的数字遗产，档案记录着他们曾在虚拟世界里的活动、成就与轨迹，遇到某些特定类型的游戏，人们甚至能与故人留下的游戏档案进行一定程度的"互动"④。

网络虚拟财产可以分为财产性的网络虚拟财产和人格性的网络虚拟财产。网

---

① 《老年人权益保障法》第 18 条规定：家庭成员应当关心老年人的精神需求，不得忽视、冷落老年人；与老年人分开居住的家庭成员，应当经常看望或者问候老年人；用人单位应当按照国家有关规定保障赡养人探亲休假的权利。

② 《江西省实施〈中华人民共和国老年人权益保障法〉办法》要求用人单位保障赡养人探亲休假的权利。

③ 马一德．网络虚拟财产继承问题探析．法商研究，2013 (5)．

④ 左盛丹．游戏存档：父母留给孩子的"数字遗产"．搜狐网，2017-01-12.

络虚拟财产的货币价值可能较小，其承载的更多的是被继承人的精神利益①。但是在实践中，一方面老年人的网络虚拟财产权益容易受到侵害，另一方面对虚拟财产权益的处分特别是财产继承处分遇到了较大的障碍。

《民法总则》第127条首次在法律上使用了“网络虚拟财产”的概念，因此虚拟财产中的财产利益可以作为财产继承这一点是毋庸置疑的。但是虚拟财产中的人格利益部分是否可以继承，目前并没有明确的规定，而依据经营网络服务的运营商提供的服务协议，老年人网络虚拟财产权受到了非常大的限制，特别是对人格性的网络虚拟财产的处分权利受到了限制②。虽然个人的网络虚拟财产可以作为遗产继承，但是目前部分网络运营商均基于保护隐私的条款排除了用户对其网络虚拟财产的所有权③，例如《微信公众平台服务协议》中明文规定微信公众号账户的所有权归腾讯公司所有，并且禁止赠与、借用、租用、转让或售卖账号的使用权④。《支付宝服务协议》中也规定账号不可转让、借用、赠与、继承，仅可继承账号内的相关财产权益⑤。而且网络虚拟财产的多样性和复杂性也给继

---

① 陈雪莲．我死了之后，我的QQ号怎么办．国际先驱导报，2009-04-02.

② 以国外网络平台做法为例，Twitter规定，亲属在提供账号持有者已经去世以及他们有权处理后事的证据之后，可以选择删除或存档账号。前提是亲属必须向Twitter提供死者的姓名和联系方式，解释他们与死者的关系，提供Twitter账号名和证明死亡的公开讣告链接。事实上，在去年10月，全球最大的社交网站Facebook就曾公布过类似的政策。Facebook系统关于去世用户账户有两种可选对策：要么删除账户，要么保留账户供“缅怀”之用。跟Twitter提供的选项不同的是，Facebook的“缅怀”意味着逝者的账户依然存在于Facebook的系统中，而且其他用户还可以到其留言墙上留言。参见晓瑗．数字遗产：将虚拟留给现实．人民邮电报，2010-08-20.

③ 2004年11月13日，20岁的美国海军陆战队队员贾斯汀·埃尔斯沃思（Justin Ellsworth）在伊拉克遇难。1个月后，其家人请求雅虎公司提供贾斯汀的电邮账号和密码。但雅虎公司拒绝了这一请求。公司有明确规定，用户连续90天未登录服务器，雅虎将自动删除其全部记录。所有雅虎用户从最初就认可了这一用户须知——用户的ID或记录在用户死亡后将终结。这起事件在美国引发强烈争议，直到2005年4月，在全国激辩“数字遗产”的舆论压力下，雅虎才做出让步，采取了折中的办法——将埃尔斯沃思的邮件复制到一张光盘上交给其家人，而不直接给出密码。雅虎再三声明，雅虎邮箱是一种“私人交流方式，内容是个人秘密，不对第三方公开”。从该案可以看出，网络平台以隐私权保护为由，限制了继承人对网络虚拟财产的继承权，也由此案展开了人们对网络虚拟财产的研究。

④ 《微信公众平台服务协议》中规定：微信公众账号的所有权归腾讯公司所有，用户完成申请注册手续后，获得微信公众账号的使用权，该使用权仅属于初始申请注册主体。若进行微信公众平台认证时，该公众账号在账号资质审核阶段提交的用户信息与初始申请注册主体不一致的，账号资质审核成功之后使用权属于通过资质审核的用户。账号使用权禁止赠与、借用、租用、转让或售卖。

⑤ 《支付宝服务协议》：“支付宝会员号和账户仅限您本人使用，请勿转让、借用、赠与、继承，但支付宝账户内的相关财产权益可被依法继承。”支付宝对遗产继承的具体办法是：继承人可以联系支付宝，公司客服会引导继承人准备身份证、死亡证明、承诺书等材料，然后通过网络上传、快递等方式给到支付宝，即可继承账户里的财产。如果继承人不知离世者有没有支付宝，或者不知道离世者的支付宝账号是多少，继承人只要提供离世者的身份证号给客服，就可以查询离世者名下到底有没有支付宝账户。

承范围的确定造成了一定的障碍。

3. 信息知情权

所谓知情权即了解权、知悉权、咨询权，是在实质性不对等的法律主体之间，通过请求信息公开来实现的、对自己有直接或间接利益的权利。知情权是一种信息自由权，它“主要指公民有获取信息的权利和自由，并不包括传播信息的自由”[①]。狭义的知情权仅指一种政治权利，作为新的政治权利概念，意指公民了解政府的情况，是现代民主政治不可缺少的权利。为了实现这一权利，政府活动应当公开化。广义的知情权还包括对特定信息的知情权，知情权是特定的法律关系的一方主体从另一方主体依法了解与自身利益相关信息的权利和自由[②]。

老年人的信息知情权是指老年人享有获取信息、知晓与自己权益相关信息的权利，是老年人维护自身合法权益的重要前提条件之一。知情权主要具有以下几方面的特点：（1）信息知情权是获取信息的权利，信息知情权的本质是信息自由权的实现，当知情权主体无法知晓信息时，其信息知情权便无法实现。（2）信息知情权不仅是一项政治权利，更是一项经济、参与社会发展的权利。在信息大爆炸的当今，信息中蕴含着诸多经济、实现自身发展方面的内容。（3）信息知情权的内容是与自身利益相关的信息。

老年人受其自身的限制，获取信息的途径相对比较单一，目前大部分老年人还是通过报纸、书刊等纸质媒介或者通过听广播、看电视获取信息，而互联网的发展打破了其依靠传统纸质媒介获取信息的方式，互联网成为传播信息的主要方式，人们可以第一时间在网上查询到自己需要的信息，政府部门也将网络作为信息公开的主要方式之一。网络的先进性无意间将老年人这一群体隔离在外，老年人缺少信息查询的渠道，其社会参与便无法得到很好的实现。因此，应当对老年人这一特殊的社会群体的信息权进行专门的保护，以促进老年人的社会参与。

4. 网络话语权

话语，指的是对主题或者目标的谈论方式，包括口语、文字以及其他的表述方式。福柯认为话语是由知识、语言、权力三部分构成的。语言的提出以知识储备为基础，权力和知识又是相互渗透、互相构建的[③]。对于一个行动群体而言，话语权是制定群体行动规则和支配群体行动的一种权力。话语权力，就是社会大

---

① 李步云．信息公开制度研究．长沙：湖南大学出版社，2002.

② 姚小林．知情权探究．兰州学刊，2005（2）．

③ 张有亮，赵佳敏．网络话语权的反思与超越：基于权力与权利视角．西北工业大学学报（社会科学版），2017（6）．

众为了维护自身权利而具有的不受外力干扰的后天参与和主观自由表达的权力①。所谓网络话语权力，是指作为话语主体的社会大众通过网络空间表达自身意志权利、彰显自身利益诉求的话语影响力，以及由此对现实社会行为主体和公共权力所形成的话语压力和行为参与力。网络话语同样来源于社会现实，并且与现实具有相同的效果。网络话语权是社会大众在虚拟空间中自主彰显的一种主体权利。

老年人的网络话语权，即老年人利用网络发表言论、表达自己观点的权利。老年人网络话语权的特点主要有：(1) 行使权利的范围仅限于网络空间；(2) 具有社会发展的属性。话语是表达自身利益诉求、维护自身权利的关键，网络的出现为公民发表言论、表达意见，尤其是政治参与提供了全新的生态环境，完善了公民的利益表达渠道，提升了公民参与公共事务的效能。但是在网络环境中，老年人处于相对弱势的地位，面对网络上对老年人某些行为的指责，老年人无法像年轻群体那样通过网络为自己“发声”，老年人网络话语权的缺失在一定程度上也侵犯了老年人的名誉权。近年来，老年人被许多负面的网络报道贴上了“扰民”“碰瓷”“给中国人丢脸”等负面标签。例如，2006 年轰动一时的“彭宇案”在网络上引发了“老人摔倒扶不扶”的大讨论，老年人也随之被贴上了“碰瓷”的标签，老年人面对铺天盖地的指责只能默默忍受，直到 2016 年最高法院发布了《十年前彭宇案真相是什么》② 的文章，案件事实才得以澄清，还老年人一个清白。

此外，网络话语权是老年人参与社会的重要途径之一。网络构建了老年人建言献策的平台，通过网络，老年人可以更有效地表达自己的需求并让有关部门了解到自己的需求，这在一定程度上激发了老年人参与社会管理的热情，使其更好地在网络上发声表达自己的诉求，参与社会活动。

5. 个人信息被遗忘权

个人信息被遗忘权指的是信息主体有权要求删除其网上个人信息的权利。个人信息被遗忘权的特点有：(1) 被遗忘权的权利义务主体是信息主体和信息控制者；(2) 被遗忘的内容是特定的，即对自身“不好的、不相关的、过分的”，继续保留会导致信息主体的社会评价降低的信息；(3) 被遗忘权仅适用于网络领

① 黄宝玲．权利与权力视域中的网络话语权．行政论坛，2015 (6)．

② 结合彭宇自述曾经与人相撞却说不清与何人相撞以及经警方确认的笔录和照片，这就构成了优势证据，一审法院认定彭宇与老太太相撞并无不妥。而从客观真实看来，事过多年后，彭宇也承认了当年确实和老太太发生过相撞事件。

域，仅限于在网络平台上已经发布的信息；（4）涉及国家、社会、公共利益的个人信息不属于被遗忘的范畴[①]。2012 年国家标准化管理委员会、国家质量监督检验检疫总局发布的《信息安全技术公共及商用服务信息系统个人信息保护指南》中明确规定了处理个人信息的四个过程，即收集、加工、转移、删除，并将删除定义为“使个人信息在信息系统中不再可用”。当个人信息主体有正当理由要求删除其个人信息时，个人信息处理者应及时对相关个人信息进行删除。

在中国传统文化中讲究“盖棺论定”“人死为大”，又强调“为尊者讳，为亲者讳，为贤者讳”[②]，凡是尊者、亲者、贤者的耻辱、过失、不足，都最好少说，对那些有失三者体面的事，知道的人越少越好。但如今网络的普及，使得所有人的信息都无所遁形，网络信息将会永久地存储在互联网终端，而网络强大的搜索功能，使得在任何时间发布的信息甚至是“不光彩”的内容都有可能被翻出来，让人作为谴责的依据。这对在世老年人而言，可能因为年少时的一时放纵，导致不能重新获得他人的尊重，也使得其难以开始新的生活。即使老年人已经过世，遗留在网络世界的痕迹，可能也会对其家属造成巨大的痛苦。

二、老年人新型权益受到侵害的现实原因分析

1. 人口老龄化的迅速发展和计划生育政策的长期执行

近年来我国老龄人口一直呈递增的趋势。受中国传统观念的影响，家庭养老仍是目前主要的养老模式，然而激烈的社会竞争使得更多的子女离开家乡选择去更具有发展前景的城市工作，再加之计划生育政策，空巢老人、失独老人的比例逐年增加，家庭规模的缩小使得家庭养老功能开始弱化，越来越多的家庭开始面临“养老难”的问题。即使子女想履行精神赡养的义务，也遇到许多现实的障碍；工作太忙，没有足够假期来探亲；一个独生子女家庭要同时赡养四个老人，子女分身乏术；等等。

2. 互联网的发展造成数字鸿沟

中国互联网络信息中心发布的第 41 次《中国互联网络发展状况统计报告》

---

① 欧洲通过欧盟法院对冈萨雷斯诉谷歌一案的判决，确立了被遗忘权的概念，并且使之成为信息主体的一项民事权利。欧盟法院认为，有关数据主体的“不好的、不相关的、过分的”（inadequate，irrelevant，excessive）信息也当从搜索结果中删除。参见杨立新，韩煦．被遗忘权的中国本土化及法律适用．法律适用，2015（2）.

② 此语出自《春秋公羊传·闵公元年》，这是孔子编纂删定《春秋》时的原则和态度。这一态度是儒家“礼”文化的体现。

（见图 1）显示，2017 年中国网民年龄结构中 60 岁及以上仅占 5.2%，虽然较 2016 年有所上升，但所占比例仍很小。

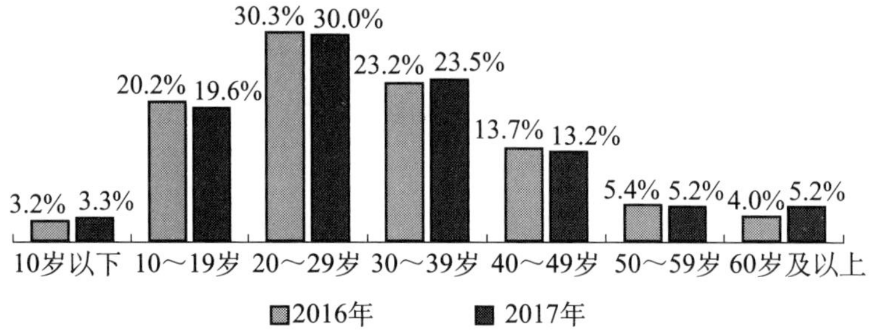

图 1　中国网民年龄结构

随着“互联网+”对社会生活方式的冲击，整个社会格局正逐渐被改变，网络作为主要的大众媒介之一以其特有的方式以及丰富多样的内容成为当代人生活工作的主要工具，成为各种信息的“集散地”，但这往往隔绝了不懂互联网的老年人。传统的“权力决定信息分配”的关系正在被“信息决定权力分配”的范式所改变①。人们在利用电脑或互联网等信息技术的能力或机会方面也产生了信息的差距，即形成了“信息富有者”和“信息贫穷者”，也就是所谓的“数字鸿沟”②。在科学飞速进步、知识不断更新的现在，老龄人口接受新知识和科技比年轻人要迟钝，对网络虚拟财产权、信息知情权、网络话语权等权利的认识比较少，也很难主动去保护自己的权利。

3. 老年人自身维权意识薄弱

法治社会的发展促使老年人权利意识的觉醒，但老年人出于家庭、面子、身体等方面的考虑，对于侵犯自身权益的行为往往选择吃“哑巴亏”。“养儿防老”的传统观念在老人的思想中根深蒂固，在一些家庭纠纷中，老年人出于亲情的考虑往往会选择默认子女恣意侵吞自己的财产，或者独自承受子女不履行赡养义务的孤独与无助，不愿以法律手段维护自己的合法权益。对互联网的不熟悉，也使得老年人无法意识到自己拥有一些与互联网相关的新型权益，在获得信息、发表话语等方面处于弱势地位时，也无法去开展维权行为。

---

① 蔡文之．网络：21 世纪的权力与挑战．上海：上海人民出版社，2007.

② “信息富有者”和“信息贫困者”是美国学者卡茨曼在提出“数字鸿沟”并系统阐释这一概念时提及的，由于技术的进步，出现了两者的分化，并且这种分化有可能引发社会矛盾。在网络时代，“数字鸿沟”不仅没有缩小，反而扩大了，会进一步表现为“数字深渊”。参见唐玉青，王卓君．论网络公民利益表达的三重困境及其消解．学术界，2013（12）．

三、老年人新型权益保护的法律缺失

1. 老年人权益保护的现有法律制度可操作性较弱

《老年人权益保障法》规定了老年人享有的基本权利，将老年人的权利分为从国家和社会获得物质帮助、享受社会服务和社会优待、参与社会发展和共享发展成果三大类，又从家庭赡养与扶养、社会保障、社会服务、社会优待、宜居环境、参与社会发展六个方面规定了老年人权益保障的相关制度。然而其中许多规定仅为鼓励、倡导性原则性规定，且规定较为模糊，从而使得立法缺乏执行力。以保障精神赡养权的"常回家看看"条款为例，该条款仅规定了子女有定期探视老人的义务，并没有规定探视的频率以及具体的义务，没有规定由谁来问责，如何问责。老年人的精神赡养权实际上有两个层面的立法需求，一个层面是，如何落实现有法律制度的相关规定。在实践中，由于"常回家看看"并没有规定具体的制裁手段，缺乏强有力的机制保障，相关政策执行不到位，这使得法律规定可操作性不强。另一个层面是，对于拒不履行的家庭成员是否可以强制要求其履行。这些都需要法律做进一步明确的规定。

2. 缺乏保护老年人新型权益的立法规定

在老年人需求呈现多样化趋势的社会背景下，出现了诸多法律尚未规定但亟待法律保障的新型权利。现有老年人权益保护法律规定并没有明确指出老年人权益的具体表现形式，而且欠缺新形势下老年人的特殊权益的相关规定。以信息知情权的立法保护为例，我国《消费者权益保护法》[①]《证券法》[②]《公司法》[③] 均对特定主体的知情权做出了规定，但《老年人权益保障法》并没

---

① 《消费者权益保护法》第 29 条规定：经营者收集、使用消费者个人信息，应当遵循合法、正当、必要的原则，明示收集、使用信息的目的、方式和范围，并经消费者同意。经营者收集、使用消费者个人信息，应当公开其收集、使用规则，不得违反法律、法规的规定和双方的约定收集、使用信息。经营者及其工作人员对收集的消费者个人信息必须严格保密，不得泄露、出售或者非法向他人提供。经营者应当采取技术措施和其他必要措施，确保信息安全，防止消费者个人信息泄露、丢失。在发生或者可能发生信息泄露、丢失的情况时，应当立即采取补救措施。

② 《证券法》在第三章第三节中规定了上市公司的持续信息公开的义务。其中第 63 条规定：发行人、上市公司依法披露的信息，必须真实、准确、完整，不得有虚假记载、误导性陈述或者重大遗漏。

③ 《公司法》第 33 条规定：股东有权查阅、复制公司章程、股东会会议记录、董事会会议决议、监事会会议决议和财务会计报告。股东可以要求查阅公司会计账簿。股东要求查阅公司会计账簿的，应当向公司提出书面请求，说明目的。公司有合理根据认为股东查阅会计账簿有不正当目的，可能损害公司合法利益的，可以拒绝提供查阅，并应当自股东提出书面请求之日起十五日内书面答复股东并说明理由。公司拒绝提供查阅的，股东可以请求人民法院要求公司提供查阅。

有对老年人的信息知情权予以保护。除此以外，网络虚拟财产权、网络话语权、个人信息被遗忘权等权利也缺乏立法规定。

四、完善老年人新型权益保护的立法思考

1. 明确精神赡养的具体标准和责任

欧洲国家如瑞典、芬兰等在立法中都对子女对父母的精神赡养做出了量化的规定，包括子女定期探望父母的次数、子女与父母居住的距离①。以此为鉴，为保障老年人的精神赡养权，应立法明确子女回家探望的次数以及精神赡养的具体义务等，增强条款的可操作性。在法条中增加特殊家庭子女的护理假制度，规定护理假的具体天数，给予子女探亲以立法上的保障；细化精神赡养的具体内容，规定不履行义务的惩罚措施，对于多次不履行精神赡养义务的家庭成员可以采取强制履行的方式敦促其履行自己的赡养义务。

2. 完善老年人虚拟财产的保护制度

应在立法中明确规定虚拟财产属于老年人个人财产的范围，明确老年人对虚拟财产的占有、使用、收益、处分的权利。考虑到网络虚拟财产的复杂性，应对网络虚拟财产进行具体分类，对于主要体现为财产性的网络虚拟财产，如数字货币、网络游戏装备等，老年人应拥有与物质财产相同的权利。对于一般人格性的网络虚拟财产，如博客、邮箱、电子相册等，因在财产继承过程中，可能会涉及老年人的隐私等内容，应按照老年人的自由意志来处理，如果老年人生前对该类财产做了处分，就应该遵照老年人的意愿来进行处理；如果老年人没有来得及进行处理，则继承人必须承担保密义务，对被继承人的信息予以保密，不得用复制、出版、网络传播等方式公开相关内容。对于具有完全的人格属性和身份属性的网络虚拟财产，如论坛版主身份、微信公众号作者等，则不应该纳入被继承的范围之内，法律可以规定由网络服务提供商依特定程序予以删除。对于特定人格性质的虚拟财产，类似于QQ、微博、微信之类的网络账号其蕴含的更多的是一种对逝者的精神寄托，考虑到其对近亲属的精神利益，应规定继承人有权通过合法的程序继承该账号，网络服务提供商不应当对其设置障碍。应在立法中明确网络服务提供商对老年人网络虚拟财产的安全保障义务、协助网络虚拟财产继承的附随义务等内容，以维护老年人的虚拟财产权。

---

① 黎史翔，蒋伊晋．欧洲立法尽孝量化到“日”．法制晚报，2013－07－02.

3. 明确政府保障老年人信息知情权的义务

在立法中明确国家支持网络开发商开发针对老年人的网络系统。为消除阻碍老年人使用互联网的门槛，应降低网络的复杂性，鼓励与老年人权益保障密切相关的部门针对老年人的特点开发出老年人专用网络系统，简化上网的操作步骤，推送符合老年人特色的内容。承担老年人权益保障义务的政府部门，应及时通过微信公众号推送有关老年人权益保障的资源信息，扩宽老年人的信息获取渠道并更新涉及老年人的相关信息，简化老年人获取信息的程序，切实保障老年人的知情权。同时应设立建言献策绿色通道，征求老年人对本地经济、社会发展的意见，通过互联网使老人积极地参与社会管理与建设，促进老年人群体与开放的社会系统衔接。

4. 畅通老年人网络话语权行使渠道

网络话语权的形成过程，既是社会大众平等反映利益诉求、自主表达个人观点、直接参与政治生活、积极行使监督权利的过程，也是公共权力机关听取民意、关注民生、贴近群众、执政为民的过程。因此应充分尊重老年人的网络话语权，立足网络话语的发展现实。应建立起以政府为中心的多元化监管体制，统筹协调网络信息，通过加大政府网站平台建设，给普通民众提供畅通的网络话语平台，让老年人具有行使自由表达权利的空间场域。政府还应利用网页、微信、群发短信等多种形式发布权威信息，接受民众咨询，征求民众意见，增强政府与公众的信息沟通能力，实现更具效率的公众参与。同时，在制定与老年人相关的法律政策时，应保障老年人能有效地参与公共政策制定的过程，不仅要有让公众获知相关信息的渠道，还必须保证公众对相关政策信息的知情权，了解政策制定意图，从而使其有话说，知道从何说起、说什么。

同时立法应加强对媒体和互联网环境的监管，改善中老年人的消费和生活环境。部分媒体和机构为博眼球获得流量，急功近利助长虚假宣传，传播不实信息，不仅给很多中老年消费者带来经济损失，而且损害了老年人的名誉，因此需要保护老年人的网络环境，畅通老年人话语权通道。

5. 建立对老年人个人信息被遗忘权的保护制度

2012 年 12 月 28 日，第十一届全国人大常委会第三十次会议通过了《关于加强网络信息保护的决定》，其中规定“公民发现泄露个人身份、散布个人隐私等侵害其合法权益的网络信息，或者受到商业性电子信息侵扰的，有权要求网络服务提供者删除有关信息或者采取其他必要措施予以制止。”该规定为建立老年人个人信息被遗忘权保护制度提供了法律依据。从其他国家立法经验来看，德国、英国相继在其个人信息保护立法中规定，信息主体在一定条件下有权要求信息控制者删除其个人信息[①]。因此，我国应该在立法中明确被遗忘权制度，特别是对老年人的信息被遗忘权建立起相应的保护制度，明确被遗忘权的义务主体、被遗忘权的权利内容、被遗忘权行使的途径和相关限制条件、侵害被遗忘权的具体表现形式和相应的法律责任。

五、结论

我国老年人权益保障工作面临着老龄化人口基数大、增长速度快的严峻局势。十九大报告已经明确提出实施健康中国战略，积极应对人口老龄化，构建养老、孝老、敬老政策体系和社会环境。对老年人新型权益的保护是老龄化工作中面临的新问题，在理论上需要进一步梳理老年人新型权益的基本概念和法律特征，在法律层面上需要进行具体的制度设计，将老年人新型权益的保护制度法制化、系统化。

① 彭支援．被遗忘权初探．中北大学学报（社会科学版），2014（1）．

京津冀协同背景下社会治理精细化实践与探索

张静波

首都师范大学政法学院副教授

党的十八届五中全会提出“加强和创新社会治理，推进社会治理精细化，构建全民共建共享的社会治理格局”。推进社会治理精细化离不开政府、社会、公众等治理主体的良性互动，通过相互影响、相互监督和相互促进，推进社会领域、民生领域社会治理精细化目标的实现。本研究通过对京津两市不同治理模式的分析，探究其内在机制和存在的问题，围绕社会治理精细化目标、实施路径，特别是促进治理主体互动关系提出建议，为推进京津两地协同治理提供参考。

一、京津社会治理精细化新实践

本研究以北京市、天津市社会治理精细化模式为对象，比较分析了政府、社会、公众等治理主体间的互动关系，纵向考察上述模式的经验教训，横向比较其共性问题和不足，并进行理论分析和梳理。

（一）京津社会治理精细化模式比较

北京、天津同为超大型城市，经济发达，基础设施、教育和医疗等公共服务完善，居民收入和学历水平较高，居民自治、社会参与等具有较好基础。北京市社会建设走在全国前列，不仅在居民自治组织、各类社会组织、社会治理领域专业人才数量上具有优势，并且在社会治理制度建设和社会治理模式创新上均取得显著成效，特别是网格化治理模式在全国产生良好示范效应。北京市西城区“全响应”模式的特征是政府对公众需求的全面感知、快速传达、积极响应，通过区、街、社区“三级联动”，把社区、街道、政府职能部门以及社会组织、社会工作者、居民等集中在统一的信息化平台上，实现社会服务管理的全覆盖、全参与，实现社会治理精细化的目标。朝阳区通过建立三级社会治理联动系统和独立的监督指挥中心，使社会治理从专业化管理、部门化管理走向跨部门管理、无缝隙管理，进而推进流程再造、绩效评价、合作治理和诚信管理，提升了社会治理的常态化、系统化和精细化水平以及社会问题的处置能力和社会风险的应对能力。天津市和平区以创建美丽社区为载体，完善社区治理结构，建设公共服务综合信息平台，优化社区工作者队伍，培育社会组织等，以此提升社会治理精细化水平。河西区在重点工程建设中构建双层组织框架推进社会治理精细化，从社区规范化管理、志愿者和社区工作者队伍建设等方面着手，推进社区公共事务工作向纵深发展，凝聚居民力量，探索社区治理精细化的新途径。

总体上看，在体制制度设置上，北京市以市、区社会工委和社会办为主责机构，实现了社会治理“纵向到底，横向到边”的治理格局，保障了社会治理精细化的纵深发展。天津市社会治理主要由市、区民政局和社会组织管理局为主责单位，社会治理领域的政策支持、法律法规创制较为匮乏，缺乏顶层设计。美丽社区建设在内容精细化、流程科学化、社区治理的系统化及可持续性等方面还需进一步完善，如缺乏“纵向到底，横向到边”的体制机制架构，对现有基层经验的凝练、理论的概括和经验的普及推广等有待加强。此外，在社区治理中如何发挥治理主体能动性，促进社会组织孵化，中介机构、社区基层组织发展方面仍需有针对性的举措。在京津社会协同治理格局中，天津应尽快拉近和北京的距离，使二者并轨发展，发挥出超大城市应有的辐射带动作用。

（二）京津两市社会治理运行机制比较

社会治理运行机制是指在社会治理过程中各种因素相互影响、发挥功能作用的过程及运行方式，是引导和制约决策的基本准则和制度，要保证社会治理各项工作的目标和任务的实现，必须建立协调、灵活、高效的运行机制。

北京市西城区在推进社会治理精细化过程中，着力构建社会治理精细化“全响应”链。一是加强工作统筹协调，按照“基础力量一员一格，专业力量一员多格，响应力量一格多员”的要求建立力量整合的工作机制。二是加大社会治理平台建设，在区城市管理监督指挥中心的基础上设立区级指挥中心，建立行政服务、社会服务、城市管理、社会管理、应急处置“五位一体”、三级联动机制。

三是发动五种力量，构建“条块”有机统筹的工作机制，发挥街道统筹辖区发展的作用，推进社会治理精细化。

北京市朝阳区“全模式”系统的运行机制是以监督指挥中心为轴心，以问题为导向，按照信息报送、核实立案等七个步骤形成闭环工作流程。一是构建迅速发现问题、在第一时间解决问题机制；二是增强各职能部门之间的协调联动，通过流程改造和独立监督，将以往相互分割的城市管理部门联为一体，有效提高城市服务管理效率，为政府决策提供依据和支持。

天津市和平区以美丽社区建设为载体推进社会治理精细化，在组织运行机制上将美丽社区建设目标与精细化社会治理相衔接。一是优化社区治理运行机制，实行社区党组织、居委会、社工站、社区社会组织、社区协调议事会“五位一体”的社区组织体系建设，协同处置社区公共事务，加强保障房和老旧小区社区组织建设，消除管理空白点。二是打造社会组织孵化和公益项目，把培育多元参与作为社会治理精细化的目标，开发社会组织公益服务品牌。三是丰富社区服务治理内容，开展社区志愿服务、便民利民服务，打造居民生活服务圈，推进公务服务全覆盖，在社区服务、民主协商等方面大胆探索。四是创新社会治理服务方式，完成商业网点提升改造，建立流动“警务站”，把社会治理触角延伸到社会末端，防控社会风险。

天津市河西区以建设重点工程、靓丽社区为着力点，在工作过程中提升精细化社会治理水平。一是建立社会治理精细化长效机制，不断推进美丽社区建设、社区服务设施建设和精品小区建设，形成管理有效、运行顺畅的长效机制。二是开展公共服务标准化建设，提升公共服务质量，发挥“职能＋”优势，在社会综合管理部门和公共服务行业推行公共服务标准化建设。三是注重多元参与 创新治理方式，拓展社区群众与基层政府、社区组织等各类主体的协商渠道，建立形式多样的协商共治长效机制。

总体上看，北京市在推进社会治理精细化过程中注重顶层设计、特色发展，西城区和朝阳区结合“区情”，在“全响应”“全模式”框架下创造性地打造独具特色的精细化社会治理运行机制，取得良好成效。天津市和平区和河西区在进行社会治理精细化过程中，以美丽社区建设、重点工程建设为载体推进社会治理的精细化水平，但社会治理精细化具体目标不够突出，社会治理工作与社区日常管理、政府部门职能范围内日常工作混为一体；在运行机制上仍存在工作方法过于“传统”、各部门协调不足、缺乏以社会治理精细化为目标的治理方案等问题，仍需借鉴北京的先进模式与经验大胆探索。

二、京津社会治理精细化存在的主要问题

（一）管理体制机制建设及监督问题

社会治理精细化是推进基层社会治理创新的重要环节，决定着社会服务管理决策、运行、实施等各个步骤的成效，而体制机制建设对社会治理精细化是否能够落到实处起着决定性作用。从北京、天津案例来看，目前社会治理精细化体制机制建设还存在以下问题：

1. 政府包揽公共事务过多及决策权力过大，缺乏群众参与渠道

社会治理精细化过程中存在着“政社不分”的现象，政府在社会治理中仍然扮演着“独家治理”的角色。朝阳区“全模式”社会管理更侧重精细化管理，治理网格的细分以及综合服务信息平台的运用，使社区事务能够高效、及时地得以解决。但在这一过程中更多的是政府各部门之间的相互协调，并未积极倡导各类社会团体、组织和个人参与社会治理工作。据调查，朝阳区社会治理精细化实施后，多数公众表示希望能参与其中，但是由于缺乏渠道，难以参与到公共事务的具体过程中，主要的管理事务仍由政府人员解决处理。在当前的体制下，朝阳区社会治理精细化工作与政府的推动密切相关主要基于以下两方面原因：一方面，社会治理精细化是在原有的管理框架下进行的重大调整，是一项重大的制度变革与创新，如果没有强有力的政府行政参与，将很难得以推进。另一方面，根据当前社会治理精细化的实际情况，社会服务管理经费由政府投资、街道筹资和社会募捐三部分组成，事实上街道本身的管理、办公经费等仍是政府投资，社会募捐则十分有限。对政府资金上的依赖也使得社会服务管理在实际运行过程中主要决策仍由政府决定，这在客观上限制了其他主体参与社会事务管理的权利，同时也不利于社会治理精细化体制机制建设的健康发展。

2. 未能凸显社区居民自治精神

社会治理精细化的基础是多元主体之间的关怀、信任和协作，它是通过一个强有力的有效沟通和问题解决系统将其成员组合在一起的，这种互动性在个人与集体之间起着调节作用并且使得个人与集体保持一致。而在目前的社会治理过程中，缺乏集体文化建设，忽略家庭、群团组织、志愿者组织以及其他各类社会组织的作用，同时也未将这些团体视为人们在社区关怀的环境中实现其个体利益的市民社会。因此，居民自治、自我决策和自我管理往往只是停留在口号上，在实

际工作中发挥作用有限。此外，一些社会治理精细化模式过于强调问题及时收集、反馈等技术手段，而忽略了群众参与解决问题的能力与积极性；过度强调任务目标的完成，而居民整体素质的提升未得到重视。所以，在社区生活当中，让每个人都能发出自己的声音，让居民愿意并且能够融入精细化社会治理，不仅是基层民主的体现，而且有利于社区自治精神的发挥。

3. 社会治理精细化绩效评价不够科学，监督不到位

调查发现，社会治理精细化绩效评估较多采用主观的评价方法。主要表现为：评价指标不严谨，对一些工作流程、责任主体、工作绩效和规范标准没有科学测度方法；评价标准不统一，街道与社区、领导与一般干部采用不同的评价标准；评价方式不科学，缺乏群众参与的外部评价和固化的评价依据；评比方法不完善，缺乏动态性、实效性，往往通过抽查和听取汇报等来确定和衡量。在调研中，部分参与社会治理的一线人员表示建立精细化、量化考评指标体系，建立定性与定量相结合的弹性考评体系，建立规范化的绩效考评体系是当务之急。另外，部分一线人员认为实行监管分离、建立独立的监督机制、建立公众监督机制尤为重要。在具体工作中，仍存在主管部门为袒护下属部门不愿监督，街道担心影响条块关系不敢监督，社区担心承担责任不想被监督，监督部门受主客观因素影响缺乏经常性监督的手段，这些因素致使监督不到位，各项工作难以发挥出最大效益。

（二）社会治理精细化运行机制问题

1. 社会治理观念相对滞后

从对京津两地的调查看，一些政府部门对社会治理精细化体系建设的功能定位，存在重城市管理、综治维稳、安全生产和公共安全等管控职能，轻民生服务、社会化服务、政务服务和社会保障等服务职能现象，片面地把社会治理精细化工作当成信访维稳和城市管理的专属手段，牵制了社会治理精细化“融合”发展任务的实施和服务管理效能的提升。社会治理精细化体系建设是一项系统工程，涉及多个政府部门和多元利益主体，需要破除传统观念和管理模式，各方治理主体统筹协调，建立灵活多样的工作机制和资源网络。与北京市西城区、朝阳区相比，天津市和平区、河西区的治理机制偏重传统模式，缺乏有效的社会动员途径，服务方法和服务领域较为单一，偏重环境设施等硬件治理，轻人、事、组织等软件治理，因此在社会治理精细化机制建设上还存在较大提升空间。社会治理精细化既是对物的管理，也是对事件的管理，特别是对人的管理，最终的目的是处理好人与人之间的关系，使之和谐共处于同一个环境。片面强调对部件、事件或对特殊人群的管理都是不科学的，社会治理精细化并不局限于数字化管理，还包括实现人性化管理，人性化管理是“以人为本”的管理，政府在推行社会治理精细化的进程中需要有清醒的认识。

2. 工作机制不够顺畅

目前，社会治理精细化工作统筹机构和系统平台不一致是北京市各区普遍反映的“瓶颈”问题，多头管理、多层面调度，造成工作统筹协调难度加大，严重影响和制约社会治理精细化工作的整体推进。北京市网格化工作由社会工委、社会办牵头的有 12 个区，信息平台由社会工委、社会办管理的只有 4 个区。有 4 个区的统筹机构和信息平台分别由不同的区领导主管。天津市则由市、区民政部门和社会组织管理局主管，两市均不同程度存在多头主管、统筹协调难、工作机制不够顺畅的问题。要推进社会治理精细化，应当注重创新社会治理制度和机制，让更多的社会主体参与社会治理事务，实现多元合作共治。同时，吸收和借鉴不同治理方式的经验，实现不同部门、不同主体间的良性互动，以及社会治理成果的共享，将社会治理精细化的成效转化为人民群众看得见、感受得到的成果，增加人民群众对社会治理的满意度。

3. 人才队伍整体薄弱

人才队伍是实施社会治理精细化的关键环节之一，社会治理中的各项服务管理任务、指标需要一线管理人员亲力亲为，恪守岗位，使服务管理功能得以发挥。然而，京津两市对社会治理人才队伍的管理还存在诸多问题。首先是一线队伍配置结构不合理。北京市在实施网格化社会治理模式工作中仅在 3.65 万个网格中配置专职人员 1.26 万人，只达到划分网格数的 1/3 多一点，在总人数中占比不足 12%，且 88%以上的网格员是兼职人员。就网格划分数而言，北京市西城区是配置专职网格员最多的区之一，但仍存在人手不足、网格员工作压力过大、人员流动性强等问题。天津市和平区、河西区的网格管理人员多为兼职，严重制约了社会治理精细化的深入开展。其次是业务能力不强。社会治理精细化管理工作是由多层级组成的管理主体，管理主体的自身素质参差不齐，工作人员的工作态度、思想政治素质和专业素质等都影响着其对社会治理精细化的认识，特别是社区居委会成员是社会治理精细化的主要实施者，其素质的高低更会直接影响社会治理精细化成效。调查显示，北京、天津社会治理精细化工作人员多为自行考取社工助理资格并走上工作岗位的，接受专业培训的管理人才非常匮乏。最后是缺乏归属感，人才队伍不够稳定。由于一线人员薪资待遇和职务定位没有规定和标准，专职人员待遇偏低，临时性、不确定性意识强烈，人员流失现象明显。兼职人员缺少补贴，积极性不高，职能部门工作力量下沉不足，下沉的职责、时间、方式不够明确，作用难以有效发挥。

4. 资源整合不充分

由于体制、机制、技术诸多原因，社会治理基础信息存在纵横向分割的问题。目前，北京市区级层面许多信息应用系统是市级系统垂直设置、垂直管理的，有些系统使用专用网络，区级层面沟通难、协调难、统筹难，这就导致区级信息系统与这些系统的数据对接和资源共享难以实现。一是从效率上看，社会治理精细化成效受制于资源配置及整合的程度，能否积极开发各类资源并进行有效整合，是社会治理精细化的逻辑起点。只有实现资源整合，才能够将政府、公众和社会组织等相关主体的能动性激发和运用起来，才能集中更多的财力、物力和人力有效化解社会矛盾纠纷、提供公共服务。京津两市的实践表明，社会治理绩效高的地方，其资源整合能力必然高，社会治理精细化的关联因素很多，但资源整合是关键。二是资源整合是实现社会治理主体从“单打独斗”到“合力互动”的基础。传统的管理活动主要依靠政府的职能作用，其他主体很难发挥应有功能。因此，如何顺势而为地构建合力互动的支持网络成为社会治理精细化的重要课题。而构建合力互动的支持网络，离不开积极有效地开发各种资源并实现资源整合。从京津的案例看，资源整合不足是两市共同的问题，特别是社区居民中蕴藏的创造性活力尚未得到有效发挥。三是合作共治的体制机制建设有待加强，政府部门、居委会和社会组织之间缺乏沟通与合作。政府执法部门往往“单打独斗”，居委会囿于传统的日常工作事务，社会组织、居民则缺少参与平台，各方尚未形成资源信息共享、互联互通、协同治理的合力，亟待创新合作共治的体制机制、开创社会治理精细化的新格局。

三、推进社会治理精细化的建议

（一）建立京津冀统筹协调的社会治理精细化组织体系

北京市社会治理水平位于全国前列，社会治理精细化已取得显著成效并在全国产生示范效应，建立以北京市引领的京津冀社会治理精细化组织体系和工作机制具有可供借鉴的经验和基础。京津冀城乡社会治理起步阶段不同，建立统筹协调、协同联动的社会治理精细化组织体系具有重要意义。一是建立以北京市引领的京津冀社会治理精细化组织体系和工作框架，统筹各地区、各部门进行顶层设计，包括组织领导、机构设置、资金配套等。将各地区、各部门社会治理精细化工作融入京津冀社会治理精细化总体部署，提高社会治理精细化的总体效能。二是整合资源，协同推进。京津冀城乡各地区经济社会发展基础不同，需要整合社会治理资源，以强扶弱，以城带乡，协调发展，依托北京市先进的信息技术建立资源共享、互联互通、统筹协调的社会治理精细化组织框架和运行体系。三是以社区为基础，统筹搭建京津冀市、区（县）、街道（乡镇）社会治理精细化平台，形成整体合力。在北京“三级平台、五级管理”等经验基础上，因地制宜搭建符合各地特色的社会治理精细化平台，站在更高起点上创新社会治理方式。

（二）建立互联互通的京津冀社会治理精细化信息系统

以疏解北京非首都功能、调控人口规模、加强流动人口服务治理为切入点，建立实有人口信息系统，特别是建立实有流动人口信息系统。一是建立京津冀统筹协调的流动人口社会治理精细化信息系统，促进流出源与流入地互联互通、信息共享，使各种服务治理资源在社会治理精细化平台找到衔接点。二是以人为本，提升社会服务精细化水平。推进基本公共服务全覆盖，细化社区基本公共服务内容，城乡社区一体化运行，统筹发展；建立多元化公共服务体系，通过政府购买服务、市场化运作、志愿服务等途径，使基本公共服务、志愿互助服务、便民利民服务及特色服务相互补充。三是运用社会治理精细化平台先进的信息采集技术，建立覆盖京津冀全域的流动人口基础数据库、地理信息系统（GIS）电子图层，实现北京与天津、河北流动人口基础数据库的对接，协同联动，资源共享。

（三）拓展公众参与社会治理精细化途径

建立京津冀社会治理精细化体系，既有北京经验可供借鉴，也面临新情况、新问题，需要不断探索，拓展社会治理精细化途径。一是因地制宜划分服务管理网格，科学划分网格是社会治理精细化的基础工作，北京市社会治理精细化的主要成效是建立在网格化模式基础之上的，因此，京津冀各地区应科学划分服务管理网格，在综合协调基础上保持差异性、地域性。如根据市情区情划分基础网格、微网格等，便于开展服务管理。二是从“单一治理”向“多元治理、立体运行”转变。在北京“多网”融合基础上，建立覆盖京津冀全域的城市管理网、社会服务网和社会治安网，在流动人口、综治维稳等领域取得重点突破。三是建立机制灵活、多元化公众参与网络，优化参与环境，培育参与文化，拓展公众参与新渠道、新形式；加深对公众参与微观机制和规律的认识，建立公众参与的激励机制、协调机制、运行机制和维护机制，通过重点领域的社会服务治理，构建共建共享共治的公众参与格局；提升居民的参与意识与参与能力，以丰富多彩的地域文化传承和历史风貌遗存为载体，不断丰富居民精神文化生活，通过公众参与使京津冀城乡社会治理精细化成果异彩纷呈，共建美好生活家园和精神家园。

（四）完善社会治理精细化保障制度体系

通过京津冀社会治理精细化统筹布局和顶层设计，建立制度、机构、监督、评估和法律保障制度，保障京津冀社会治理精细化可持续发展。一是建立社会治理精细化保障制度。协调京津冀各地区、各部门制定社会治理精细化法律法规，明确各地区、各部门职责，加强组织领导，细化工作方案，明确工作目标，整合资源力量，完善运行机制，为京津冀社会治理精细化提供制度保障。二是机构、人员、经费保障。联合各市、区建立京津冀社会治理精细化专门机构，统筹协调各部门社会治理机构设置、人员配置、职能定位及运行机制等，推动京津冀各市、区搭建社会治理精细化工作平台，加快形成综合协调、资源共享、互联互通的社会治理格局。在经费保障方面，根据社会治理精细化基础设施、信息系统、项目运营需求，统筹制定合理的财政预算及支出结构，合理制定社会治理精细化财政预算，确保社会治理精细化顺利推进。三是监督评价体系建设。建立京津冀社会治理精细化监督指挥平台和统一的政府部门投诉受理平台，搭建政府监督与居民自治相结合的监督评价平台，营造群众满意、合作共治的精细化社会治理环境。

参考文献

[1] 燕继荣．社会变迁与社会治理．北京大学学报，2017（5）．

[2] 王郁．城市管理创新：世界城市东京的发展战略．上海：同济大学出版社，2004.

[3] 夏志强，谭毅．城市治理体系和治理能力建设的基本逻辑．上海行政学院学报，2017（5）．

[4] 文军．从单一被动到多元联动：中国网格化社会管理模式的构建与完善．学习与探索，2012（2）．

[5] 田毅鹏．城市社会管理网格化模式的定位及其未来．学习与探索，2012（2）．

[6] 高恩新．基于信息整合与人员下沉的城市管理创新研究．中共浙江省委党校学报，2011（6）．
[7] 赵孟营．社会治理精细化：从微观视野转向宏观视野．中国特色社会主义研究，2016（1）．
[8] 程同顺，魏莉．微治理：城市社区双维治理困境的回应路径．江海学刊，2017（6）．
[9] 徐明，李振国．网络社会动员作用机制与路径选择．中国行政管理，2016（10）．

京津冀协同发展背景下养老模式整合与创新

刘亚娜

首都师范大学

京津冀协同发展是“十二五”期间党中央提出的治国理政新思路，《京津冀协同发展规划纲要》的出台将这一发展思路上升为国家战略。随着《京津冀民政事业协同发展合作框架协议》的签订以及“十三五”发展规划的推进，京津冀三地区域性整体发展迈入实质性发展阶段。京津冀作为世界级的大城市群，区域性的老龄化问题的良好应对会对三地经济、社会保障、可持续发展等方面产生深远影响。

一、京津冀养老模式整合与创新的背景及必然性

京津冀地区是中国人口最密集的地区之一，人口老龄化不断加深，且呈现出不同发展状况。不同养老模式在积极发挥养老服务功能的同时面临日益严峻的挑战，社会化养老成为时代发展的必然趋势。

（一）京津冀人口老龄化及养老现状

京津冀人口老龄化主要表现为以下几方面的特征：第一，老龄化状态存有差异。北京老龄化状况相对稳定；天津老龄化率逐年攀升，2013 年 65 岁及以上老年人口比重达到 11.45%，比北京和河北分别高出 2.87%和 2.29%，天津成为京津冀地区老龄化程度最为严重的地区；河北老龄化率小幅上涨[①]。第二，老年型

① 王艳婷．京津冀人口老龄化趋势预测与探讨．城市，2015（4）．

家庭增多[①]。2010 年京津冀地区 60 岁及以上老年人家庭户占全部家庭户的 29.6%，其中单身老年户和老年夫妻户的比例分别为 14.5%和 21.6%，老年人独居比例很高。第三，城乡老龄化差异显著。北京、天津老龄化程度城镇高于农村地区，河北农村地区高于城镇。2010 年，北京市农村地区老年人口占常住人口比重为 9.7%，比 2000 年（第五次人口普查）增长 1.3%，而城镇地区两次人口普查数据相比，十年间仅提高 0.2%。天津市六城区老龄化水平均在 11%以上，其他区县的老龄化则在 7%～10%，低于全市平均水平。河北省城镇老龄化水平为 11.75%，农村地区老龄化水平比城镇高出 3.23 个百分点。与第五次人口普查数据相比，河北省城镇老龄化水平在十年间增长了 2.22 个百分点，农村地区增长了 4.09 个百分点，农村地区老年人口所占比例持续高于城镇，老龄化增长速度快于城镇。第四，外来人口开始老龄化。以北京为例，2015 年全市常住外来人口为 822.6 万人（占常住人口的 37.9%），其中 65 岁以上老年人占 4.2%，与 2010 年相比，上升了 2.4 个百分点；14～64 岁劳动力人口占 86.1%，比 2010 年下降 5.2 个百分点，北京常住外来劳动人口比重出现下降[②]。第五，人口老龄化与社会经济发展水平不相适应。京津冀区域经济发展水平处于全国中上水平，但三地之间经济发展存在严重不平衡，其整体经济增长的速度与人口老龄化速度存有一定差距，有效应对人口老龄化的经济基础有待提高。

老年人步入老龄之后，一般有家庭养老、以社区为依托的居家养老、机构养老三种主要养老方式。家庭养老，指老年人居住在家中，由家庭成员提供经济供养、生活照顾、精神慰藉的养老方式，是多元化养老的重要基础和支撑。家庭养老主要运用家庭养老资源，老年人在家庭内实现养老能减轻国家与社会的养老负担。但随着家庭结构的变化，家庭养老人力资源日趋不足，又由于经济生活压力的持续增大、年轻一代养老观念的逐渐淡漠、老年人个体意识的逐渐增强等原因，分居式家庭养老日渐增多，传统家庭养老功能面临失灵危机。社区居家养老，指以家庭为核心，以社区为依托，辅之养老机构专业化资源与能力，为老年人提供日常生活照料、医疗护理、家政服务和文化娱乐等服务的养老模式。社区养老服务近年来发展迅速，实践中服务功能不断完善。北京，社区养老照料中心

① 老年型家庭是指家庭户中所有成员都是 60 岁以上的老年人，具体的表现形式包括老龄夫妻核心家庭、无子家庭、空巢家庭、独居家庭和低龄老人与高龄老人同居家庭等。

② 陈缇．近五年北京常住外来人口净增 118 万：北京常住人口增长延缓，人口分布流向城市发展新区．中国信息报，2016-02-15.

的建设发展迅速；天津，各街道（镇）建立居家养老服务中心、社区日间照料中心、老年配餐服务中心、托老所等社区养老服务设施①。社区养老能让老人留在熟悉的社区，发挥社区配套服务功能，实现老年人的在地养老。但是，其发展过程中也面临诸如专业人力资源不足、服务单一等问题。机构养老，指老年人到专门的养老机构住养，获得饮食起居、健康护理、疾病预防、文体娱乐等综合性服务。目前三地养老机构发展不均衡，存在诸如区域分布不合理、运营状况不理想、服务资源配置不到位、医疗服务资源跟进难、专业服务人员紧缺、设施功能不齐全、收费标准与老年人的支付能力不匹配、三地政策不协调等问题。

（二）京津冀养老模式整合的必然性与可能性

我国是世界上老龄化速度最快的国家，失能、半失能、独居和空巢等老年人数量持续增长，养老负担日益沉重，传统养老方式越来越难以满足日益增长和复杂多样化的养老需求，养老社会化成为发展的必然选择。京津冀三地各具优势，可以资源互补实现养老模式的整合。

首先，区域产业转型升级带来发展的新契机。京津冀地区是我国三大人口和经济活动密集区域之一，也是我国最重要的三大经济增长极之一。2013 年，京津冀地区生产总值达 62 172.16 亿元，占全国生产总值的 10.93%，进出口总值达 6 125.08 亿元，占全国的 14.72%（见表 1）。京津冀地区虽然整体经济实力强劲，但各地区的产业发展水平参差不齐，产业结构差异较大。2013 年，京津冀地区整体一、二、三产业分别占比 5.64%、38.64%、46.75%，第三产业优势明显（见表 2）。北京第三产业比重最大、第二产业比重次之、第一产业比重最小，呈现出“三二一”型结构，且高端服务业和高新技术产业比较发达。天津、河北处于“二三一”的模式，天津的第二产业和第三产业齐头并进，河北产业结构达不到全国平均水平，第一产业的产值比例略高，第三产业发展乏力。三地经济发展出现断崖式差距，京津冀地区内部没有形成有序的产业梯度②。养老服务业的创新可以有效推动天津和河北地区第三产业的发展，扩大第三产业的整体规模，推动区域经济转型、融合、升级。对于河北来说，养老基础设施的修建和完善不仅可以直接提高当地老年人的生活水平和生活质量，还可以增加就业岗位，留住本土人才，同时吸引外来人才，以控制年轻劳动人口外迁。同时，养老服务

① 韩雯．天津市社区养老服务全覆盖．中国政府网，2015－10－13.

② 李俊强，刘昊凝．京津冀产业结构升级一体化的可能性分析．国家行政学院学报，2016（2）.

模式的创新可以促进区域空间结构的合理分布，为推进区域协同发展和新增长极的形成奠定良好的基础。

表 1　　2013 年京津冀和全国主要经济数据对比

变量	北京	天津	河北	京津冀	全国
人口（万人）	2 114.8	1 472.21	7 332.61	10 919.62	136 072
地区生产总值（亿元）	19 500.6	14 370.16	28 301.4	62 172.16	568 845
人均 GDP（万元）	9.22	9.76	3.86	5.70	4.18
进出口总值（亿美元）	4 291	1 285.28	548.8	6 125.08	41 600

数据来源：全国和京津冀《2013 年国民经济和社会发展统计公报》。

表 2　　2013 年京津冀和全国产业结构

地区	一产占比（%）	二产占比（%）	三产占比（%）
全国	10.01	43.89	46.09
京津冀	5.64	38.64	46.75
北京	0.83	22.32	76.85
天津	1.31	50.64	48.05
河北	12.37	52.16	35.47

数据来源：全国和京津冀《2013 年国民经济和社会发展统计公报》。

其次，优越的政策支持奠定发展基础。在京津冀协同发展的国家战略大背景下，三地在顶层设计方面取得了重大进展。《京津冀民政事业协同发展合作框架协议》指出养老成为三地重点开展协同发展的领域之一，将不断探索跨区域的养老新模式。北京已经开始研究相关政策，计划试点将北京养老机构的床位补贴、餐饮补贴等延续到河北、天津。河北在养老服务业对接方面一直积极主动地发挥其作用，2010 年底，河北省在 5 个县（市、区）建立起第一批养老基地①。同时，三地将积极整合养老、医疗制度，实现医疗养老的跨区域转移接续，推动三地养老资源的互利共享。

再次，城市优质资源亟待互通共享。京津冀是中国北方经济规模最大、最具活力的地区，具有重要的地缘优势。北京作为全国政治、文化、国际交流和科技创新中心，人口密集，土地资源紧缺，用地价格高，养老服务设施建设投入成本高，但同时拥有全国最优质的养老资源，特别是医疗资源。天津要建成北方经济、国际航运中心和北方现代制造业基地。河北则要强化生态保障、交通疏解等功能。三地各具资源与条件，可以实行错位发展，优势互补，引导养老资源的区位流动与转移，实现互利共赢的发展目标。

① 赵培培．京津冀一体化背景下养老服务业协同发展研究．保定：河北大学，2015.

最后，老年群体有异地养老的需求。由于计划生育政策的延迟效应，独生子女逐渐面临繁重的养老压力和负担，家庭养老资源短缺，社区居家养老服务体系尚未完善。考虑到生活成本、养老成本、生态环境等因素，许多老年人将目光投向京津周边地区，异地养老成为京津老年人的新选择。京津冀地区可以充分利用资源，开发旅游、度假型养老社区，或建设集养老、医疗、康复、社会活动为一体的养老社区，满足不同群体的需求，加强异地养老市场开发。京津冀地区可以探索、优化、创新养老服务的内容和层次，从为老年人提供生活照料、活动场所等，到关注老年人文化娱乐、康复护理、心理咨询、投资理财等更高层次的养老服务。

因此，养老服务业的整合发展能将政府、企业、社会民间资本有效结合起来，在引领、辐射、带动全社会养老服务水平提升的同时，积极调整产业结构，使养老产业成为拉动经济增长的重要力量，促进经济和社会效益的良性循环，进而将其发展为“银发经济”。

二、京津冀养老模式创新的几种可能

京津冀地区许多养老的实践已经在摸索突破传统家庭养老，不仅依赖于以社区为依托的居家养老，也看到了机构养老存在的不足，将三者的优势整合起来，实现养老社区化的规模化发展，综合实现“机构养老”社会化和社会养老“机构化”功能。调研发现实践中有创新医养结合养老社区建设的先进、有创建休闲度假优良养老环境的示范，也有实现联盟型养老社区管理模式的新探索。社会化综合养老服务建设以创建温馨、舒适、安全、健康的养老社区为导向，将家庭养老和机构养老相结合，形成集养老、医疗、康复、社会活动于一体的全新颐养模式。在人口老龄化日益加剧、养老问题日渐深化的背景下，京津冀三地可以积极整合资源，协同应对养老困境。

（一）医养结合型养老模式

医养结合是健康老龄化追求的目标，旨在整合医养资源、创新老人医疗服务，实现老有所养、老有所医。医养结合养老服务强调医疗和养老的有机衔接和融合发展，是盘活医疗和养老服务资源的有效手段。

1. 医养结合成为养老服务业发展的必然选择

在人口老龄化背景下，长期照护养老负担日益沉重，医养分离所导致的矛盾日益凸显。医养结合将老年人疾病防治与生活照料两大需求结合起来统筹管理，是社会迫切需要的一种可负担、可持续的老年人综合服务模式。近年来，伴随老年人高龄化发展趋势，老年人带病期延长，对长期的、专业的医疗照顾的需求愈加迫切，传统的养老模式无法提供必要的医疗服务，“只养不医”的单一型的养老模式不能满足人们的需求。医疗机构虽然能够接诊老年人治疗疾病，但是对于需要接受长期护理的、处于大病恢复期的、患有慢性病的和残疾的老人来讲，“只医不养”并不能满足老年人日常的、细致周到的生活护理需求，老年人留住医院，会造成“押床”现象，增加医院的负担。因此，需要整合医疗机构和养老机构的资源，不仅为老年人提供日常起居照料、精神心理服务，还注重疾病诊治、保健护理与临终关怀等专业医疗服务。既能够为患病老人提供必要的医疗资源和及时的医疗救助，也能极大程度地消除医疗机构床位不足、养老机构护理技术薄弱的弊端。

医养结合旨在基于国家健康养老的理念，实现积极老龄化，实现老年人的高品质生活。2013 年国务院印发《关于促进健康服务业发展的若干意见》，指出在养老服务中充分融入健康理念，加强医疗卫生服务支撑。建立健全医疗机构与养老机构之间的业务协作机制，鼓励开通养老机构与医疗机构的预约就诊绿色通道，协同做好老年人慢性病管理和康复护理。《全国医疗卫生服务体系规划纲要（2015—2020 年）》，明确指出要加快发展医养结合服务，推进医疗机构与养老机构合作。2015 年国家出台了《关于推进医疗卫生与养老服务相结合的指导意见》，指出到 2020 年，基本建立起符合国情的医养结合体制机制和政策法规体系，建设覆盖城乡、规模适宜、功能合理、综合连续的医养结合服务网络。2017 年《“十三五”国家老龄事业发展和养老体系建设规划》提出了完善医养结合机制、开展医养结合试点、开发中医药与养老服务相结合的系列服务产品、支持养老机构开展医疗服务等工作任务。

2. 医养结合型养老模式的内涵及特点

医养结合型养老模式是对“老有所养、老有所医”的具体诠释①。“医”包括健康咨询与体检、疾病诊治与护理、康复和临终关怀等，“养”包括生活照护、精神慰藉、文化活动等。医养结合型养老模式超越了单一的养老服务提供，还包括为老年人提供连续性医疗与健康服务。

医养事业发展过程中有几种典型做法。一是养中设医。养老机构增设医疗服

① 黄佳豪，孟昉．“医养结合”养老模式的必要性、困境与对策．中国卫生政策研究，2014（6）．

务资质，在一些基础建设和床位较为合适的养老机构或福利院，按国家医院标准设置一定数量的养老床位；有条件的养老机构开设老年病医院、专科医院、护理医院、康复医院等，完备养老、医疗、康复、长期护理等养老服务。二是医中设养。在有条件的医院成立老年科，划出一定床位专供老年人医疗使用，兼具医疗、护理、托老、康复、健康教育、临终关怀等功能；有些基层医院为整合医疗资源，转型为针对老年人的医疗康复、疗养、养老的专门机构。三是医养合作。医疗机构针对养老机构的服务人员进行医疗护理培训，定期对养老机构内的服务对象进行常见病、慢性病诊治，提供健康档案管理。养老机构的老年人可以转诊到合作医院进行诊疗，在病情痊愈或稳定后，回到养老机构进行后续康复治疗。四是医养结合进社区。依托社区卫生服务中心的医疗平台，推行家庭医生服务，为社区老年人提供预防保健、康复护理、常见病的治疗服务。

3. 医养结合型养老模式的典型实践

京津冀地区医养结合实践发展状况：有的是养老机构与医疗机构合作联合运行，如北京康泰医院与颐乐之家养老机构，颐乐之家建在丰台区康泰医院内，利用医院的三层住院楼成立了养老机构，是北京市第一批试点护理院之一；有的是医疗机构向医养结合转型，如 2004 年河北省冀州职工医院以自办医院为依托创办老年公寓；有的是养老机构增添医疗服务，如北京第一福利院开设福利医院。综合来看，比较典型的有位于燕郊的 Y 健康城，包括医院、健康养护中心、医学研究院、医护培训学院、国际会议中心等，旨在打造优质健康管理服务的超大规模、国际化、现代化的绿色生态医疗健康基地，老年人品质生活的智慧型养老、养护、生活综合社区。健康城的国际医院设置医疗区和疗养区，联合北京朝阳医院、北京天坛医院、北京中医医院等专业医疗和知名专家坐诊，实现医疗保障。健康养护中心，旨在实现健康颐养、医疗康复、介助介护、失能失智舒缓照护等全程化持续照护。中心设有自理养护区、半自理养护区和非自理养护区，可供不同自理能力的老年人入住。社区里还有老年大学、康体运动、宗教信仰、营养配餐等服务，并分别从中医、西医、护理、营养师、心理咨询等角度为入住者制订个人健康养护计划。

（二）休闲度假型养老模式

休闲度假养老是异地养老的一种方式，它将旅游养老、度假养老和候鸟式养老相结合，使老年人通过对地理区域的选择来拥有更好的养老环境，继而享受高质量的晚年生活。将旅游度假与养老结合的旅居养老产业在西方发达国家比较普遍和成熟。北京“十一五”规划期间有代表提出在北京周边地区试行异地养老的建议，北京市民政局民政工作会议也提出，北京市将研究跨区域享受养老福利制度，鼓励支持中心城区的老年人进行异地养老。

1. 休闲度假型养老模式的内涵及特点

休闲度假型养老模式最重要的内涵是对地理区域的选择。老年人随时间的变化改变空间位置，使自身处于最适宜养老的环境中。京津冀位于我国平原地区，气候宜人，拥有河北承德、天津津南等适宜度假养老的地方。随着京津冀协同发展进程的不断加快，地区间的交流合作逐步加深，为老年人选择休闲度假型养老提供了更丰富的选择。如承德市，2012 年被评为中国“十大特色休闲城市”，该地区生态环境优美，水源充沛，森林覆盖率达 55.8%；地理位置十分优越，有京承、承唐等便利的高速公路，以及京沈高铁、承德机场等，拥有较大的发展潜力和空间。此外，随着人民生活水平的提升和受教育程度的提高，人们的养老观念从“养老”向“养生”转变，旅游度假成为老年人选择休闲娱乐的方式，生态环境优美的宜居地区对他们具有吸引力。休闲度假型养老整合养老服务与旅游度假服务，契合老年人自由、安逸、享乐生活的诉求，同时也能有效缓解大城市的人口压力和养老负担。

2. 休闲度假型养老模式的典型实践

河北香河地区 D 项目国家养老示范基地是国家“爱晚工程”的示范项目，是集医疗、保健、康复、教育、培训、国际合作于一体的高端养老社区，旨在打造设施先进、理念创新、管理现代、服务专业的舒适养老环境。项目涵盖医疗康复、生活护理、休闲养生、文化教育、生命研发、生态农业诸多功能。“爱晚工程”是一项旨在系统化全面推进我国社会化养老服务的大型公益项目，D 项目以养老服务、健康医疗、现代农业三大产业为支撑，有老年人养老照料中心、大爱医院、从幼儿到老年的教育，以及有机、生态、先进农业科技的大爱农场等，为居民提供了全方位的绿色健康生活。

（三）联盟型养老社区

1. 联盟型养老社区的内涵及特点

联盟型养老社区有两层含义。一是由养老企业牵头，集合多种业态服务资源，在社区内部形成一个跨行业的养老服务供应链联盟。社区以养老服务为核心，通过整合养老产业上中下游多行业优质资源打造一体化的生活配套系统，如医院、餐饮、健身中心、文化教育、超市、养生会所、休闲公园等。二是通过养老企业、房地产商在多地建设养老社区或是与其他机构建立合作，形成多点式的互动服务网络联盟，使老年人可以在异地获取交换式的服务。联盟型养老社区多由房地产商或养老企业投资建设，大多设有医院、家政服务中心、休闲娱乐设施等，完备的配套设施是其核心竞争力之一；社区居住氛围和谐，一般来说选择该种社区养老的老年人同质性较高，大多经济条件较好、教育程度较高、精神文化需求较丰富，有较为一致的价值观，容易形成较为和谐的交际圈。

2. 联盟型养老社区的典型实践

在人口老龄化先进国家，联盟型养老模式的发展相对成熟。美国，55～75岁的健康老人进入AAC社区（活力长者社区），实现居家式的自主养老；75岁后需要照顾时，进入CCRC社区（持续性照顾的退休社区）养老①。前者一般建有各种体育、娱乐场所，硬件设施良好；后者的主要服务对象为高龄人群，提供专业性医疗护理，医疗设施完备②。京津冀地区这种类型的养老社区发展也比较快，如位于北京市昌平区小汤山的T国际养老社区。社区配备医院、购物中心、家政服务中心等，便于老年人的日常居住和活动。又如，位于昌平区的J国际养老公寓，提出基于360°养老理念的“5H＋3E”模式，以养老、康复、休闲服务为主体，建立集居住设施、科学管理、人性介护、康复旅游、健康食品、资产管理于一体的全程服务体系。2014年J国际养老公寓实施“夏住五大连池、冬住海南博鳌、春秋住北京”的三地“候鸟式”互动游住养生、旅居养老。又如，泰康人寿，顺应中国老龄化发展趋势，积极探索金融保险与实体经济相对接的模式和路径，以保险、资管、医养为核心，打造活力养老、高端医疗、卓越理财、终极关怀四位一体的国际标准养老社区，有生活服务、医养康复、活力文化等服务体系。目前，泰康之家在全国投资建设连锁都市医养社区，有北京（燕园）、上海（申园）、广州（粤园）、成都（蜀园）、武汉（楚园）、杭州（大清谷）等旗舰社区。燕园位于北京昌平新城核心区域，引入国际领先的CCRC养老模式，配备专业康复医疗及养老照护设备与服务，满足不同程度养老照护需求的老人长期居住。

三、京津冀养老模式整合与创新的策略思考

京津冀地区处于飞速发展的历史机遇期，在协同发展的背景下，三地应积极

① 刘立峰．养老社区发展中的问题及对策．宏观经济研究，2012（1）．

② 张卫国．美国养老社区研究．世界经济与政治论坛，2012（9）．

整合资源，协同应对养老问题，创新养老服务模式以切实解决养老困境。

第一，京津冀发挥各自区位优势，扬长避短，开发建设新型、综合、服务一体化的养老社区。京津冀三地城市资源及发展定位不同：北京，是国家的政治中心、金融中心，中国最大的科技和智力密集区，是综合性产业城市，同时也集中了全国最优质的医疗资源①；天津，具有较丰富的土地资源和较成熟的养老服务产业经验，容易吸引投资，开展养老服务产业；河北，社会资金有限，养老机构发展总体水平不高，但生态环境较好，土地价格相对低廉，首都地区的科研机构和医疗机构外迁，能带动河北科研和医疗水平的提高。目前京津冀地区养老服务业存在资源配置散、空间分布不均、利用率低下等主要问题，可以引导京津发达地区的老年人迁移到养老服务业发展水平相对一般但自然环境优越的河北，着力在河北发展养老相关产业服务链，开发建设新型、综合养老社区，聚合河北核心地区及周边资源，进而逐渐发展成产业，使之成为河北地区的特色项目，带动整个第三产业的发展。这样，不仅能缓解京津城市人口和养老压力，而且可以使河北地区依靠自身资源发展地区养老产业经济。

第二，整合养老服务，实现居家养老、机构养老与社区养老多功能全方位的养老模式。居家养老、机构养老、社区养老三种养老模式功能及作用不同，可以综合三种模式的优势，实现一体化的养老服务。实践调研的许多养老社区，事实上已经在硬件设施建设与软件服务匹配方面实现了三种养老模式的有机统筹。在养老社区，有家庭养老型的自住老年公寓，公寓里配备一应俱全的生活设施，能较好地实现自理老人的自立生活。同时，与老年人独居的家庭相比，社区公寓适老设备完善，且大多建在交通便利的地区，家属能方便地探望老人，老人能便利出行，能有效地避免老年人离家的孤独不适感。社区里配有便民生活服务、商业配套、满足老人精神需求的文化服务、活动设施以及社区老年交往的社区环境，能充分保障老年人的在地养老。专业医疗机构提供老年人医疗、康复、护理等保障以及老年人健康管理等服务，能实现老年人健康颐养、舒缓照护、养生康复的一体化、全程化、持续照护的专业化服务。

第三，京津冀以度假休闲为参照，以医养结合为发展基石，发展联盟型养老社区建设。老年群体本身具有多层次、多特征的特点，养老服务需求日趋多样化与差异化。老有所养、老有所医是老年群体的共同需求，尤其是健康状况不稳定、患有慢性病或半失能、失能老人对高效完备的康复和医疗服务存在刚性需

---

① 刘莉．京津冀养老服务体系协同构建设计．合作经济与科技，2014（11）．

求，医疗、保健、康复、健康管理等服务是发展养老服务的基础，要充分利用北京、天津优质的医疗资源，完善养老社区的医疗服务。当前医疗改革不断推进，医生可以多点执业，专家可以直接进入养老社区医院坐诊，也可以利用先进的互联网技术，实现远程会诊，社区医院与医联体三级医院实现双向转诊，为有需要的老年人实现绿色就诊通道，快捷就诊。京津冀地区正在酝酿实现全境的医保联通，医保异地支付将成为现实。据报道，北京计划年内出台将康复等非医疗费用纳入医保，有效减轻老年人的养老康复负担和压力。同时，养老供给需切实应对多样化的养老需求。为实现老年人有尊严、有品质的生活，环境优美、生活适宜成为养老的必要条件。老年人在满足赡养、生活照料服务的基础上，追求精神愉悦，老有所为、老有所乐、老有所学、老有所用，许多老年人崇尚度假休闲，与老朋友一起结伴出行，旅游观光，一些异地联盟型的、风格各异的养老社区会成为更多老年人的优先选择。

第四，政府完善相关的法律、法规和政策、制度，规范养老服务业的良性协同发展。从业务范围来看，按照我国现行部门行政管理体制，养老保障业务涉及民政、人力资源和社会保障等主管部门，医疗主要涉及除民政、人力资源和社会保障部门外的各级卫生和计划生育委员会等部门。从管理机构来看，各类型养老机构多隶属于民政部门，而医疗机构隶属于卫生部门，涉及医疗保险费用报销事宜由人社部门主管。受制度分设、行业差异、财务分割等因素的影响，各部门对医养结合为基础的综合养老服务的认识，扶持政策的理解、调整和落实都存在一定差异。京津冀地区正逢发展的机遇期，在国家大战略的指导下，京津冀地区政府积极作为，协同发展，打破制度壁垒，推进养老服务业的特色发展。同时，有效借鉴老龄化先进国家的经验，加强对养老服务产业的质量监督和管理，完善专业养老护理的人才培养体系，未雨绸缪应对养老人力资源开发和建设问题。

第五，借鉴先进示范，政府鼓励并吸引社会资本投入建设养老产业。资金投入是养老服务模式健康发展的关键。养老社区建设投资回报周期长，许多企业进入养老行业倾向于轻资产投入，而事实上，养老社区建设除前期建设资金投入外，还必须购买各种设备、聘请专业医生和护士等专业人才、规范化管理等，社会资本进入压力较大。因此，一方面，政府需要在养老产业发展过程中不拘一格创新政策，优化产业发展环境。为支持养老企业的可持续发展，政府可以给予适当的财政补贴。另一方面，政府需要加强宣传，让企业更多了解养老事业的紧迫性，秉持社会责任发展养老产业，强调养老服务的公益性。同时，企业可以发挥专业技术与能力，创新养老服务、规范养老服务管理，探索包括养老金融、医疗健康服务在内的养老健康全产业链服务。

参考文献

[1] 邬沧萍，杜鹏．老龄社会与和谐社会．北京：中国人口出版社，2012.

[2] 曾凡军．基于整体性治理的政府组织协调机制研究．武汉：武汉大学出版社，2013.

[3] 吴玉韶．中国老龄事业发展报告（2013）．北京：社会科学文献出版社，2013.

[4] 潘屹．社区综合养老服务体系建设：挑战、问题与对策．探索，2015（4）．

[5] Bookman A. Innovative models of aging in place：transforming our communities for an aging population. Community，Work & Family，2008，11（4）．

[6] 彭希哲，胡湛．公共政策视角下的中国人口老龄化．中国社会科学，2011（3）．

[7] 景天魁，等．普遍整合的福利体系．北京：中国社会科学出版社，2014.

[8] 周志忍，蒋敏娟．整体政府下的政策协同：理论与发达国家的当代实践．国家行政学院学报，2010（6）．

“小楼门　大天地”
党建引领楼门文化创新基层社会治理

张源畅
朝阳区社会办

近年来，朝阳区围绕“两贯彻一落实”，按照首都“四个中心”功能定位和朝阳“建设三区、建成小康”的总体部署，坚持以公共文化服务体系示范区和文化创意产业引领区建设为契机，深化党建引导，以“小楼门　大天地”为主题，率先在城市地区大力开展楼门文化建设，积极营造基层文化工作氛围和群众自我教育环境，不但使社会主义核心价值观落细落小落实，还探索了通过楼门文化建设促进基层社会治理的新路子。

一、开展楼门文化建设的必要性

楼门地位十分重要，既是群众每天的必经之地，又是居民接受教育的第一个外部环境。作为基层自治的最小单元，楼门更是基层思想教育、文化建设、公益服务、居民自治、社会动员的大平台。按照中共中央、国务院出台的《关于加强和完善城乡社区治理的意见》要求，开展楼门文化建设对加强社区治理具有积极的推动作用，同时朝阳区作为公共文化服务体系示范区和文化创意产业引领区，也需要在全区居民中打下一个良好的群众基础。加强楼门文化建设的必要性，具体表现为“四个无限”。

一是空间无限，占领基层群众文化阵地。楼门文化不仅可以宣传党的路线方针政策，对广大居民进行正面教育引导；还可以通过传播知识，提高居民的文化素养，为公共文化服务体系示范区和文化创意产业引领区建设提供良好的群众基础。各街道共有楼门 20 000 多个，按照“十三五”时期社会治理规划，通过实施家园文化凝聚工程，力争三年内实现楼门文化全覆盖。目前已有 1.3 万个楼门建成了楼门文化。总的来讲，在深化社会治理、教育引导群众等方面，楼门文化建设都有着非常广阔的发展空间。

二是资源无限，确保楼门文化建设持续发展。楼门虽小，楼门文化可挖掘和可利用的资源却极其丰富，包括各级政府、产权单位、物业公司、驻区单位、社会组织、社区名人、居民群众等。通过有效整合，解决了资金不足、人力不足、技术不足等问题，特别是充分利用了居民的丰富资源，有的能写会画，有的善于组织协调，有的善于思考研究，这些都是推进楼门文化持续发展的重要力量。

三是潜力无限，通过文化凝聚自治合力。在楼门文化建设中，倡导居民参与，从硬件建设到软件建设，都由居民协商决定。各楼门居民自发组成团队，协商研究楼门文化怎么建、宣传内容怎么搞、后续发展怎么办等，较好地把居民凝聚起来，将楼门文化建设过程变为动员居民共同解决小区治理难题的过程，搭建了小区社会动员平台，吸引了广大居民参与社区治理，培养了居民的家园意识，拉近了邻里之间的感情，形成了居民团结互助、和睦相处的氛围。

四是作用无限，促进宜居环境全面提升。通过楼门文化建设，带动居民楼道、小区院内及周边环境的整治。如小区小广告治理问题，凡是楼门文化做得好的小区，小广告就少，甚至基本解决了小广告问题。潘家园街道松榆西里社区一号楼、小关街道搪瓷厂小区等，通过楼门文化建设解决了小广告多、楼道堆物堆料、小区卫生脏乱差等难题。在推动“开墙打洞”治理中，楼门协商议事在凝聚共识、推动落实方面切实发挥了重要作用。

二、推进楼门文化建设的主要做法

在开展“小楼门　大天地”为主题的楼门文化建设中，坚持做到“五个加强、五个统筹”。

1. 加强顶层设计，统筹规划推进

朝阳区将楼门文化纳入社会治理“十三五”规划之中，全面实施“家园文化凝聚”工程，并将其作为公共文化服务体系示范区和文化创意产业引领区建设的群众基础，将全区各街道 20 000 多个楼门分期分批进行楼门文化建设，并与加强老旧小区改造、准物业管理转型升级等有机结合起来，整体提升小区管理水平。

2. 加强组织领导，统筹各方力量

各街道党政一把手亲自调度安排，分管领导认真履行职责，街道工委、办事处和社区“两委”定期分析楼门文化建设形势，及时协调解决工作中遇到的问题。各街道大力发挥“一轴四网”楼门支部、楼门议事会、楼门议事厅作用，积极调动居民和社会单位参与楼门文化建设，按照实现“三个一批”的工作目标，积极推进，即培育一批楼门文化工作品牌，形成亮点、形成小区的一道风景；带动一批社区带头人成长，通过楼门文化建设培养高素质的社区居民骨干；解决一系列小区服务管理难题，通过楼门居民民主协商解决好小区服务管理问题，实现共治共享。

3. 加强方向引领，统筹各项功能

在楼门文化建设中，坚持把加强居民支部党建、思想教育、社区社会动员、社区社会组织建设、破解小区服务管理难题等各项功能有机结合起来，在全区形成用楼门协商、居民自治的方法解决“身边事”的良好氛围。为树立标杆，朝阳区还制定了2017年朝阳区楼门文化建设之“传统文化”“绿色生活”“安全教育”“身边榜样”四个主题季评比方案，举办了楼门文化建设巡礼展示活动，加强沟通交流，不断激发群众参与小区、楼院建设的积极性、创造性，也掀起了深化楼门文化建设的高潮。

4. 加强参与互动，统筹解决难题

各街道、社区坚持把楼门文化建设作为破解小区服务管理难题的重要路径，通过协同互动争取居民和社会单位参与。通过楼门协商议事，较好地解决了开墙打洞、群租房、小区私装地锁、私搭乱建、楼道堆物堆料等问题，培育了多支环保队、劝导队。通过楼门各街道发动，较好地实现了邻里守望、邻里互助，楼内结对帮扶成为常态。通过楼门文化建设，实现了居家安全、健康养生、传统文化、核心价值观等教育的零距离。

5. 加强总结宣传，统筹做好发动

各街道、各社区、各楼门不断总结楼门文化建设做法，充分利用报纸、广播、电视、网站、微信、QQ群、手机终端App等形式，大力宣传社区好人好事，传播社区正能量，形成社区新的社会动员机制，让广大居民充分了解楼门文化、积极参与楼门文化，为广大居民参与社区治理提供了宣传发动平台。据统计，2017年媒体报道、网络转载的关于朝阳区楼门文化建设的新闻资讯近500条，社会反响强烈。

三、楼门文化建设取得的初步成效

楼门文化建设助推了基层社会治理创新，初见四个成效。

1. 拓展了基层思想教育形式

通过以家庭为基础，以楼门为纽带，以小区为单元，以社区为平台，坚持用健康向上的社区文化、楼门文化、廉政文化、家庭文化为居民涵养底气，用共商共治民主协商的理念培养居民主人翁意识，凝聚思想共识，使居民在潜移默化中不断提高思想政治和文化文明素质。酒仙桥街道大山子社区、三里屯街道中纺里社区居民积极挖掘素材，宣传社会正能量，使社会主义核心价值观在社区较好地落地生根。

2. 形成了社会治理集群效应

楼门文化建设调动了群众参与社区治理的热情，使大家学会从身边的小事做起，从看得见摸得着的小处着手，坚持日积月累聚集社区建设正能量。八里庄街道甘露园社区从最初的物业矛盾纠纷较大到目前的和谐共处、安贞西里社区加强小区管理等，都体现了楼门文化在加强社区动员、加强小区自治上的重要作用。各街道召开居民议事协商会议，发动楼门长、居民代表等热心社区事务的居民积极参与楼门（楼院）文化建设，24 个街道征集居民建设意见 2 500 条。促进小区居民自我管理、自我教育、自我服务，解决好楼与楼、门与门、户与户、人与人“最后一米”的难题。

3. 丰富了社区服务管理功能

通过楼门文化为社区公共服务、公益服务、个性服务搭建平台，很多小区把防火防盗防骗等作为楼门文化宣传的重点内容，有效地提高了群众的防范意识。有的楼门长期宣传健康常识，还有的楼门随时发布对困难群众的帮扶倡议，较好地补充了社区服务的不足。麦子店街道农展南里社区二号楼居民楼委会、楼院议事会利用楼门文化，发动全楼居民大搞环境卫生，清理楼道和小区堆物堆料，使楼内环境焕然一新，彻底解决了过去楼道环境脏乱差的问题，推动了居民由被动参与到主动参与的转变，切实提升了居民的家园意识。

4. 强化了基层党建阵地建设

楼门文化作为基层党组织带领党员、发动群众参与的重要阵地，在“两学一做”和服务型党组织建设中发挥了重要作用。各社区通过楼门文化激活居民党支部建设。潘家园街道建立了“四有五好”（有志愿者队伍、有“头脑风暴室”、有典型、有长效机制，党建引领好、居民自治好、共建共享好、突出特色好、运行状态好）标准，共组建 12 支楼门文化志愿者队伍，志愿者达到 3 650 多名，各社区党委、居民党支部依托居民议事厅，以党员骨干为主成立楼门文化“头脑风暴室”，带领群众群策群力开展楼门文化建设。

今后，街道系统将继续围绕“两贯彻一落实”的有关要求，深度融合“一核一城三带两区”文化战略，大力落实以“小楼门　大天地”为主题的楼门文化建设，为朝阳区公共文化服务体系示范区和文化创意产业引领区建设打造良好的群众基础，为加强基层党建和社会治理提供良好的基础。

让小区更有温度

——朝阳区开展全要素小区建设

宝月凤

朝阳区社会办

为满足人民的美好生活需要，朝阳区按照首都“四个中心”的战略定位和北京新版城市发展规划要求，自 2017 年开始探索全要素小区建设，秉持更多元、更综合、更审慎、更关注小区整体环境改造提升的原则，全面提升小区宜居品质，探索了城市精细化治理的新路径，初步实现了环境更新和社区复兴的双重目标。

一、基本情况

近年来，经过准物业管理、物业管理转型升级、小区家园计划、老旧小区改造等，朝阳区老旧小区生活环境逐年得到改善，较好地满足了居民的生活、停车、出行、文化娱乐等需要。但是，人民生活水平的不断提高，对小区的服务功能、管理水平提出了更高要求，小区特别是老旧小区基础设施建设、服务功能不充分、不全面的问题日益凸显，城市发展过程中存在的功能缺失、服务缺位、空间缺失等问题日益突出，亟须加强和改进。特别是在对小区进行改造升级时存在“零打碎敲”的现象，更偏重物质空间环境的修补，缺少对小区品质和功能再造的整体考虑，降低了资金使用的最大效益。

为系统解决这些问题，朝阳区坚持以党的十九大精神和习近平总书记视察北京时的重要讲话精神为指导，按照京津冀协同发展要求，紧扣社会主要矛盾变化，以深化“疏解整治促提升”、背街小巷整治、城市精细化管理等工作为基础，从 2017 年开始，在朝外、东湖、亚运村、六里屯等街道探索全要素小区建设。

2018 年又扩大到 43 个街乡的 57 个小区，从空间、环境、人文、管理四大要素出发，对小区特别是老旧小区进行系统改造升级，通过城市肌理调整和功能归位，实现老旧小区有机更新。

全要素小区是指从设施与功能、空间与交往、生活与生态等多角度、全方位满足居民全生命周期和谐宜居需要的小区。建设全要素小区的主要目的是打破由住房性质决定资源配置的体制，更强调政府引导、社会参与和市场驱动，促进宜居资源要素的均衡分布，以全要素小区发展模式治理设施老化、功能缺失、服务缺位等“小区病”。同时，围绕全要素人居环境和生活舒适度，解决小区环境品质下降、空间秩序混乱、历史文化遗产损毁等问题，使建筑物、街道立面、天际线、色彩和环境更加协调、更加优美，促进小区公共空间、居民活动、社区文化塑造和人居品质提升，让小区的社会性和空间性有机结合进而促进社群互动，让老旧小区“老得优雅，旧得有味”，让居民感受到变化、体会到幸福。

二、主要做法

对标国际一流的和谐宜居之都建设，围绕小区居民生活空间、环境、人文、管理等要素，在总结试点街道经验基础上，参考借鉴国内外先进经验，研究制定了《朝阳区全要素小区设计导则》，从 10 个方面 57 项细目给予指导参考，采取小规范、渐进式、可持续的方式，对不同类型小区特别是老旧小区进行有机更新、系统治理，让小区道路可以漫步、建筑可以阅读，小区更有温度。

1. 围绕功能要素加强顶层设计

全要素小区旨在对小区建设过程中留下的缺憾加以弥补，关注的是补短板、补欠账。注重对物质环境进行修补，更注重对小区软环境进行修补，在提升小区空间品质的同时，更关注小区文化的传承和小区精神的提升。因此，应明确“六个更加”的思路，加强顶层设计，即更加关注空间重构和功能复合、更加关注历史传承和特色塑造、更加关注生活方式和空间品质、更加强调“低影响”和“微治理”、更加关注小区安全和空间活力、更加关注公众参与和社会共治。最终，把全要素小区建设的过程当作修补短板和问题治理的过程，当作小区品质和功能再造的过程，当作多元主体共建共享的过程。

2. 围绕空间要素加强设施建设

坚持把改造小区空间作为全要素建设的基础工程，按照“缺什么，补什么”的原则，通过重新改造升级弥补当初规划设计的不足，优化升级小区居民赖以生存的公共服务和活动空间，包括小区公共活动广场维护、地下空间改造升级、社区服务场所场地修缮改造等，特别是在生活设施、基础设施、特殊服务设施、健身设施、安全设施等方面，进行“点对点”的系统化改造升级，为小区服务和管理功能重塑创造有利条件。

3. 围绕环境要素加强功能再造

全要素小区建设把环境改善作为重中之重，结合疏解整治和背街小巷治理，将沿街建设规划与管理有机融合，特别是在沿街墙体、门头、雨水管线、门窗等沿街建设中彰显文化底蕴，注重自然生态与人文生态平衡。在全要素小区开展垃圾分类上，提供人工分类、智能分类等保障，并运用积分引导等形式，倡导居民积极参与垃圾分类，自觉做好从源头上减量。通过环境要素改善，小区生活环境更加宜人。

4. 围绕人文要素加强文化建设

在全要素小区建设中，注重发挥基层党组织作用，坚持党建引领全要素小区建设，从小区、楼门、家庭入手，培育和践行社会主义核心价值观，加强小区文化符号构建。《朝阳区全要素小区设计导则》将居民手印墙、家牌、涂鸦、小区记忆、楼门文化等作为重要内容，加强传统文化与现代文化、中国文化与世界文化有机融合，注意培育小区居民的家园意识。目前，已在 13 000 个楼门系统开展楼门文化，将家规、家教、家风建设作为小区治理的基础，提升全要素小区建设的人文品质。

5. 围绕管理要素加强社会动员

在进行硬件设施改造升级的同时，全要素小区建设更加注重通过社会动员加强日常管理。为解决小区交通设施维护与泊车问题，一方面改造小区交通设施、拆除私装地锁等，解决小区微循环问题；另一方面对私家车停放、小区自行车存放、共享单车停放等进行规范，动员居民当好小区管理的主人，共同维护小区管理秩序。在治理背街小巷问题上，将集中整治、立体设计、日常维护等融为一体，建立街巷长、小巷管家队伍，培养更多的“朝阳群众”，动员小区主体力量参与全要素建设管理。

三、初步成效

开展全要素小区建设虽然时间不长，但是已经显示出了巨大的发展潜力，为满足群众美好生活需要提供了保障。

1. 小区宜居环境得到了系统改善

全要素小区建设将绿化美化、安全稳定、维护维修、停车管理、交通出行、文体设施、楼门文化等要素进行系统改造升级，形成了整体改造效果，使小区各类功能得以补充和完善，试点单位初步完成了小区肌里的有序调节，将“和谐宜居之都”要求具体化，实现了小区“四大要素”的升级改造，小区软硬件条件逐步配套，各项功能得到了系统改善。

2. 各类资源得到了最大化的利用

全要素小区建设，使政府的人力、物力、财力得到了综合使用，使社会资源得到了有效整合。改变了小区改造缺乏计划性和政府资金“零打碎敲”的现象。朝外街道整合资金，将天福园小区居民楼外墙保温改造、院内绿化美化、停车管理和平安建设等工程进行一揽子升级改造，建立规范的警备工作室，完善电子巡更系统，将地区 298 个公共区域摄像头和 45 家社会单位摄像头纳入社会治理平台，实现实时监控、统一调配、及时处置，实现了小区智慧安防目标。

3. 群众的幸福感满意度得到提升

通过全要素小区建设，弥补了小区功能缺失，满足了居民多样化需要。东湖街道澳洲康都小区通过全要素建设，目前绿荫掩映、流水亭台、干净整洁、交通有序，有儿童乐园，有居民创意绘画的文化墙，有为残障人士专设的温馨家园，还有轮椅、担架、包扎止血用品等可免费借用的急救物品。不久前，居民魏先生的父亲突发腿疾，在小区的智能急救站，下载 App、扫码，不到 1 分钟就成功借到了一辆轮椅，解了燃眉之急。全要素小区设施的改善，使居民的幸福感满意度得到了不断提升。

四、下一步规划

全要素小区建设虽然有一定的工作基础，也进行了初步探索，但是与习近平总书记对北京的指示精神还有较大差距，按照市委市政府的工作部署还需要不断努力，按照北京新版城市规划要求还有很多工作要做。

一是结合党建引领“街乡吹哨、部门报到”机制，进一步加强力量统筹、资源统筹，为全要素小区建设发挥机关部门的整体联动作用，共同服务好社区建设，特别是对小区设施建设、服务管理中的难点问题，进行面对面指导帮助和积极解决。

二是加强工作指导，帮助街乡把握全要素小区建设的节奏，坚持量力而行、尽力而为，做到一年接着一年干、一件事接着一件事办，既要满足人民群众日益增长的多样化需要，又要坚持勤俭节约，不盲目追求高大上，以优化布局、经济实用、方便快捷为目标，强化作风保证，将小区居民的需求“落小、落实、落细”。

三是探索智慧小区建设，提升信息服务化管理水平。充分利用“互联网+”管理模式，结合智慧物业建设，依托街道“一平台两系统”功能，大力推进老旧小区智能化建设，推广自行车棚改造升级经验，增加快递收发室、废品回收机、自助售餐机等智能终端数量，让更多居民享受到智慧服务。

四是进一步加强社会动员，充分调动居民、物业、辖区企业、市场主体等参与共建美好家园的行动，各小区特别是老旧小区逐步得到有机更新，服务设施得到完善补充，引导居民通过“随手拍”、网络投票、网络议事等方式参与社区事务，有效全面提升居民的幸福感、获得感和安全感。

党建引领　创新驱动
打造商务楼宇工作站　建设“丰台模式”

尚天首
丰台区委社会工委

丰台区为典型的城乡接合部，现有商务楼宇工作站 71 个，分布在 12 个街道、3 个乡和科技园区。区委社会工委按照“试点先行、逐步推开”的工作思路，把商务楼宇作为“竖起来的社区”精准治理、重点打造。自 2008 年以来，商务楼宇工作站经历了打基础、建机制、强队伍、创品牌等发展阶段，探索走出了一条起航开篇、全面覆盖、创新发展、发挥作用、扩大影响的路子，先后出台多项法规制度，创建了商务楼宇工作站，建设“丰台模式”。2011 年 10 月，全区商务楼宇工作站都实现了“五站合一”全覆盖目标，创建市级示范工作站 22 个。先后培育出时代风帆、集美集团、中富丽宫、国润大厦、万开广场、首科大厦等一批品牌商务楼宇和亮点活动，商务楼宇工作站建设获得了蓬勃发展，在推动楼宇党建、楼宇政府、楼宇社会、楼宇经济发展中发挥了实质作用。

一、探寻组建模式，加强组织建设，扩大商务楼宇党建工作“两个”覆盖

随着商务楼宇经济的快速发展，楼宇企业经济也不断壮大，商务楼宇党建工作日益得到各级党组织的高度重视和楼宇企业的广泛关注。为促进楼宇党建工作和非公企业科学发展，丰台区积极探索党组织创建模式，切实筑牢组织基础，提升组织活力，拓宽“两个”覆盖。

（一）点面齐抓，有效提升党的组织覆盖

根据商务楼宇的规模、入驻企业特点等不同情况，指导各街道、乡镇、科技

园区探索商务楼宇党组织的组建模式，提升了党组织在商务楼宇中的覆盖面。

一是从组织维度利用多种途径壮大党员队伍。工作站组建之初，就树牢了“党的组织建在哪里，党的工作就跟进到哪里”的理念，依靠楼宇党组织，全面入户走访驻楼宇的企业，进行“企情”摸排。通过查找“隐形党员”、转接流动党员组织关系、加大党员发展力度、鼓励和支持非公企业招聘党员职工四种途径，破解“党员少”问题，夯实党员队伍基础。

二是从行业维度广泛拓展组织覆盖。依据入户摸排的“企情”底数和行业类型，按照行业类型，建立党组织，提升组织覆盖。如以家居建材行业、服装行业、保安行业、金融行业、批发市场行业等为基础建立党组织。

三是从空间维度深入拓展组织覆盖。重点关注非公企业经济相对成熟、企业较为聚集、发展势头较稳定的商务楼宇，这些楼宇主要集中在东部，如大红门、方庄、东铁营等区域，在党员发展、队伍配备、基础保障方面给予其相应优先和倾斜。

（二）多种模式，着力推进党的工作覆盖

借鉴“四化入户”模式，推动商务楼宇工作站绘制“企情图”，摸清基本底账，打牢组建基础，完善党建工作台账。

一是建立“枢纽型”党组织。针对楼宇内中小企业多、党员多、组织结构松散等特点，建立“枢纽型”商务楼宇党组织，对楼宇内已有党组织的党员和零星党员进行统一管理。

二是建立“工作站型”党组织。针对楼宇入驻企业规模普遍偏小、企业党员较少、不具备单独组建党组织的条件等情况，依托工作站建立“工作站型”商务楼宇党组织，在工作站设立了流动党员联络站、流动党员之家，实行直管、代管或协管，将楼内党员管理起来，使之学习不断档、思想不掉队、组织不断线。

三是建立“物业型”党组织。针对楼宇物业管理较为稳定而入驻企业进出较为频繁、楼内企业中党员数量极少等情况，依托物业公司，联合工作站党务专职工作人员，建立“物业型”商务楼宇党组织。

二、完善保障基础，推进规范管理，创新商务楼宇党建工作制度机制

以推进“五站合一”规范化建设为契机，科学谋划区内商务楼宇站点分布和

阵地建设情况，建立和完善各种制度机制，为商务楼宇工作站运行提供规范指导。

（一）建立例会制度

区级通过召开街道（乡镇）社会工作党委书记季度例会，定期分析社会组织党建形势，部署、交流、提升、总结商务楼宇党建工作。

（二）完善日常工作制度

各社会工作党委统一规范全区商务楼宇工作站工作制度，明确工作内容和工作人员职责，做到悬挂明显标识，各项工作制度上墙，各种办公设施统一配备齐全。各单位均制定了完善的工作制度、会议制度、专职人员管理考核激励制度等，从整体格局上规范了商务楼宇工作站的工作。

（三）建立资源共享机制

充分发挥组织优势，协调组织部、工青妇、相关职能部门，建立成员单位，通过将商务楼宇党建工作纳入区域化党建的范围统筹考虑，强化楼宇之间、楼宇与社区（农村）等其他单位之间的资源共享，建立了商务楼宇工作站资源共享机制。

三、创新活动方式，培育特色亮点，打造商务楼宇党建工作典型品牌

按照“抓两头促中间”、提升工作水平的工作思路，注重在实际工作的调研、指导中不断发现和培育各类典型。

（一）高起点抓好新建商务楼宇党建工作

探索新型楼宇工作站建设，指导南苑街道打造中福丽宫“品牌基地型”楼宇工作站建设。严把标准，依程序入手：街道提出申请、告知相关内容、街道走访摸底，与企业出资人沟通，初步确定场地、工作内容，到现场进行勘查，条件具备的报申请，不够条件的延后或者继续申报。一般去现场看场地，要与出资人谈2～3次。中福丽宫品牌基地是我区在科技园区外建立的首个“品牌基地型”楼宇工作站，也是推进社会领域党建工作创新的有益尝试，为开展非公企业党建工

作开辟了新的工作阵地。

（二）着力培育典型，注重在原有工作品牌基础上拓展功能，激发持续发展潜力

指导马家堡街道时代风帆大厦工作站在原有成绩基础上探索的“分级定项——星级工作站评定办法”六个一体化，东铁匠营街道安富大厦工作站“助企直通车”、嘉业大厦工作站“非公党员志愿服务进楼宇”等工作典型，指导街道和楼宇继续进行工作经验的总结和提炼。卢沟桥街道国润商务大厦（三贴近、六进入）确定了“贴近楼宇特点、贴近员工需求、贴近企业发展需要”的工作思路，开展了“经营服务进楼宇、法律服务进楼宇、人文关怀进楼宇、群团组织进楼宇、人才保障进楼宇、廉政文化进楼宇”的六进楼宇服务活动。

（三）党建引领促进群团工作

注重抓好商务楼宇党建工作的同时，在区总工会、团区委、区妇联等部门的具体指导下，全区商务楼宇工作站和大部分企业普遍建立了工会组织、共青团组织、妇联组织。如集美市场工作站的党建带群团工作，走在了各工作站的前列。通过不断开展群团组织与商务楼宇企业和员工交朋友、关心企业职工身心健康、加强就业服务等活动，凝聚了企业员工的思想，推动了商务楼宇企业的健康发展。

四、利用信息平台，拓展工作空间，改进商务楼宇党建工作服务手段

适应网络快速发展的新形势，在总结实践经验的基础上，充分运用现代信息技术，完善网络党建平台，建立兼容、开放、共享、规范的商务楼宇网络党建体系，探索互联网时代商务楼宇党建信息化建设路子，集中力量搭建便捷、快速、高效的党建信息平台，充分发挥现代信息技术在楼宇党建中的作用，提升商务楼宇党建信息化水平，为商务楼宇党建工作注入新的活力。

（一）建立商务楼宇工作站党建网站

运用好大数据、“互联网＋”等理念和信息技术手段，引导和规范商务楼宇党建工作创新发展。通过区统一建立、街道自建，截至目前，全区共建立商务楼

宇工作站独立党建网站 76 个，实现了全区商务楼宇网站服务体系全覆盖。

（二）建立开放式网络交互平台

楼宇工作站利用 QQ 群、微博、微信等普及率较高的社交软件，搭建了楼宇党务工作者和企业出资人、党员、员工相互沟通的信息平台，推送楼宇党组织的服务内容，依托楼宇工作站的资源优势，为他们提供政策咨询、法律援助、工商注册、妇女体检等服务，在实际工作中逐渐消除企业出资人和口袋党员的顾虑，吸引他们主动向党组织靠拢。

（三）建立手机 App 党建平台

在时代风帆商务楼宇工作站先行试点“时代微党建”的基础上，针对楼内党员与党组织相“分离”、党员与党组织的联系不密切致使站务服务、社会保障等工作难开展等现实问题，打造了一个以 3G 移动技术和“云安全计划”为依托，以手机硬件为载体，以自主开发 App 软件为支撑，以楼宇工作制度为保障的掌上数字化党建平台——手机微党建项目，使党建终端微型化、实用化，实现了党建工作“随人而走、贴身而行”。进一步创新楼宇党建工作模式，借助信息化技术的优势，扩大商务楼宇的组织覆盖，提升工作覆盖，实现商务楼宇内非公企业“两个覆盖”工作“量质”齐升。

五、强化顶层设计，改善建设条件，推动商务楼宇党建工作全面提升

当前，社会领域党组织建设、处理党建与发展的关系是非公党建工作的“两大课题”，面对新挑战和新考验，在推进商务楼宇党建工作资源共享、共驻共建，实现各方需求最大化，推进党建与经济协调发展、共促双赢，破解这些矛盾难题方面，我们着力强化区级顶层设计，从法规制度入手，构建多元参与、协同共治的运行保障机制，开创商务楼宇党建工作新局面。

（一）强化制度保障力度

本着“立足区情、挖掘潜力、强化保障、适度超前”理念，制定《丰台区委关于进一步加强商务楼宇工作站建设的意见》（以下简称《意见》）和《丰台区社会工作党委和商务楼宇党务专职工作者管理办法（试行）》（以下简称《办法》），

对商务楼宇工作站在人、财、物等方面的配备标准重新进行了规范和明确，解决制约商务楼宇工作站建设人、财、场地等发展瓶颈问题。

一是建章立制，破解商务楼宇党建工作难题。以制度的形式，解决制约商务楼宇党建工作人、财、物的瓶颈和留不住人的问题。近年来，在全区各级党组织的共同努力下，全区非公企业“两个覆盖”工作有了较大幅度的提升和发展，但随着工作的深入，“两个覆盖”提升的空间逐渐缩小、难度不断加大。自2008年以来，全区的商务楼宇工作站建设在经历了打基础、上台阶、见成效等发展阶段后，培育和打造了国润大厦、时代风帆、日月天地等一批商务楼宇工作站先进典型，带动和促进全区商务楼宇党建工作整体水平走在全市的前列。商务楼宇工作站已逐渐成为推进非公企业党建工作的新阵地。在中央提出“党要管党、从严治党”的要求和我区推进非公企业“两个覆盖”难度逐渐加大的新形势下，及时制定出台《意见》和《办法》，提升商务楼宇工作站服务企业、服务发展的能力和水平。

二是制度保障，提升商务楼宇工作站自身建设标准。市委社会工委从2012年开始，提出在全市商务楼宇工作站中开展创建市级示范站活动，把商务楼宇工作站建设标准，从以打基础为主的“五站合一”提升到现在以办公场所固定化、工作人员专职化为主的“八化”标准，创建的标准和难度不断提高。2015年市委提出商务楼宇要“做强一批、整改一批、撤并一批”的目标。从市、区委现行的政策和资金保障标准来看，我区商务楼宇工作站建设存在阵地建设缺乏资金、办公经费相对不足等问题。在2014年11月全市开展的商务楼宇工作站建设集中检查月中，市委社会工委在充分肯定我区的成绩之后，明确指出我区商务楼宇工作站存在“工作站阵地建设有待加强、保障经费有待提高”等问题。从中央、市委的要求以及我区存在的不足来看，亟须出台相关制度和文件，为着力打造一批“中心站和示范站”提供积极保障。

三是创新机制，加强党务专职工作者队伍建设。自2009年以来，全区先后四批共补充招录商务楼宇工作者155人次，全区应有商务楼宇党务专职工作者124人、非公党建指导员100人，因发展空间不畅、职业发展低于预期、社会认可度不高等各种原因，实有商务楼宇党务专职工作者108人。流失率高、队伍不稳定，制约了商务楼宇党建工作的稳步推进。为稳定队伍、加强管理、推进工作，拟定《办法》，进一步明确了党务专职工作者的职责任务、配备标准、招录办法、职级待遇和考评机制等，进一步激发商务楼宇党务专职工作者和非公党建指导员立足岗位、干事创业的工作热情，为商务楼宇党建工作的扎实推进提供人才保障。

（二）强化经费保障力度

不断加大对商务楼宇党建工作的投入力度，从商务楼宇建站经费、示范经费、各单位共建补助等方面，逐步进行规范和改善，夯实商务楼宇党建基础。2010 年，经区长办公会审议通过，明确了为每个社会工作党委配备 2 名党务专职工作者，为每个商务楼宇配备 1 名党务专职工作者，为每个商务楼宇工作站每年拨付 1 万元活动经费等标准，2015 年，又在商务楼宇增设工作站站长、副站长 60 人，参照社区干部给予工作补贴，给每个工作站增加 4 万元、示范站增加 6 万元的党建保障经费，为商务楼宇党建工作的蓬勃发展提供了有力保障。

（三）加强办公场所保障力度

指导基层探索单独租赁、企业支持、物业合并、依托社区（农村）等建站方式，参照社区办公用房租赁办法，推动商务楼宇办公用房租赁工作，解决了商务楼宇工作站缺乏办公场所和活动场所的困难，实现了“有人管事、有钱办事、有场所议事”。

（四）强化教育培训和激励表彰力度

举办商务楼宇党务专职工作者培训班、非公党建指导员培训班、非公企业党组织负责人培训班等优秀培训班，每年累计培训人数近 800 人次。以感情凝聚人，以待遇吸引人，以事业激励人。在不断提高待遇、加强关心关爱的同时，更注重在事业上成就人和激励人。近年来，商务楼宇党务工作者队伍中涌现党的十九大代表 1 名、北京市“十佳最美社工”1 名、“首都优秀社工”4 名、北京市社会领域优秀党务专职工作者 5 名，进一步增强了全区商务楼宇党务工作者干好本职工作、服务企业员工的信心和决心，为推动商务楼宇党建工作发挥了典型的示范引领作用。

强化党建统领　凝聚社会力量 探索社会治理新路径

高春玲　杨育忠　王　耿　高　欣　李　坤
石景山区委社会工委

党的十八届三中全会审议通过的《中共中央关于全面深化改革若干重大问题的决定》提出创新社会治理体制的重大战略任务，首次提出“社会治理”这一全新理念，加强和创新社会治理，是我国社会主义社会发展规律的客观要求，是人民安居乐业、社会安定有序、国家长治久安的重要保障。石景山区高度重视社会建设工作，深入贯彻落实习近平总书记提出的一系列加强和创新社会治理的新思想、新观点、新论断，大力度推进社会治理新实践，多方面开拓社会治理新境界。

一、加强社会治理工作的重大意义

根据党的十九大精神，以改革创新精神探索加强基层党的建设引领社会治理的路径，构筑地区社会治理共同体。主要体现在社会治理的全面深度转型，包括治理理念的重塑、治理体制的创新和治理方式的转变，实现从政府单向管理转向政府主导、社会多元主体共同治理，进一步解放和增强社会活力，更加注重增强社会自治功能，进一步动员社会治理委员会成员单位积极有效参与，全面提升社会治理的科学化、民主化、法治化水平，有力地推动地区社会治理体系和治理能力现代化。

党的十九大报告提出，要打造共建共治共享的社会治理格局，加强社会治理制度和体系建设，推动社会治理重心向基层下移，实现政府治理和社会调节、居民自治良性互动。石景山区社会治理委员会是区委统筹协调驻区单位和社会各界广泛参与，对辖区重大事务共商共治的议事协商、监督执行机构，是对党委领导、政府负责、社会协同、公众参与、法治保障的社会治理体系的有益尝试，是探索社会治理新方式的大胆创新，为下一步社会治理工作的开展奠定了坚实基础。

二、探索社会治理工作的重要举措

为建立健全石景山区社会治理体系，加快形成多元参与、协商共治、共建共享的社会治理新格局，区委区政府于 2015 年 9 月印发了《中共北京市石景山区委北京市石景山区人民政府关于建立“社会治理委员会”的通知》，经十一届区委第 118 次常委会研究决定，在区级和街道层面分别组建“社会治理委员会”。

（一）党建统领，探索社会治理新道路

区委区政府以党的十八大精神为指导，深入贯彻落实习近平总书记系列重要讲话，高度重视区委部署的工作要求，坚持把加强基层党的建设、巩固党的执政基础作为贯穿社会治理和基层建设的一条红线。将基层党建与社会治理有机结合，全区各级党政组织高度重视社会治理委员会工作，充分发挥参与各方的主体作用，共商共治、共建共享，多角度、多方面、多层次吸纳社会各界力量，积极主动、妥善有序解决涉及全区发展的重大问题，形成各级党政组织与社会各界协商、协调、协作、协同的良好局面。

（二）区委统筹，发动社会力量资源共享

石景山区成立社会治理委员会，有利于区委统筹协调驻区单位和社会各界广泛参与，最大限度地整合全区资源和力量。区社会治理委员会总揽全局，街道社会治理委员会与各社会治理委员会成员单位形成合力，着力打破条块分割、互不开放的治理困境，加快形成社会治理多元参与、共建共享、合作共赢的新局面。

1. 区级层面，成立社会治理委员会

在全市率先成立区级社会治理委员会，由区委书记担任主任委员，区长、区人大常委会主任、区政协主席和驻区部队、首钢等单位领导担任副主任委员，将 30 多家有影响力的驻区单位领导吸纳为委员，形成了区级层面大事共商、协调落实、日常沟通、反馈报告的工作平台和工作机制。区委社会工委积极履行区社会治理委员会办公室职责，认真研究起草了《石景山区社会治理委员会章程》。

为了使区社会治理委员会工作更扎实有效，根据中共北京市委、北京市人民政府《关于深化北京市社会治理体制改革的意见》《北京市“十三五”时期社会治理规划》等系列构建高端的社会治理体系建设文件精神，与国家行政学院社会治理研究中心合作制定出《石景山区社会治理委员会三年行动计划》，编制了《行动计划说明》。于2017年8月成功召开石景山区社会治理委员会第一次会议。会上审议通过了《石景山区社会治理委员会章程（草案）》，并发布了《石景山区社会治理委员会三年行动计划》，这意味着本市首个区级社会治理委员会开始正式进入工作状态，社会单位将深度参与地区社会建设，社会资源将更加开放和融合，以此探索形成党建统领、多元参与、协商共治、共建共享的社会治理新格局，以实际行动促进依法治区，推动社会治理体系和治理能力现代化。

2. 街道层面，汇聚力量集中攻坚

参照区级社会治理委员会的运行模式，以街道党（工）委为领导核心，吸纳辖区内有影响力的单位，统筹辖区内各类资源，共同谋划、共同商议、共同落实属地内社会领域的重大事项，形成街道社会治理委员会资源共享、优势互补的良好互动局面。在十九大安保维稳工作及疏解整治促提升等专项行动，特别是“创建基本无违建社区”百日会战工作中，属地街道负总责、权属单位负主责、执法单位依法行政、相关部门协调配合、社区多元参与。面对“30年的社区违建乱象”，各街道、各社区顶住了困难和压力，发挥了敢于担当、勇于碰硬、善于作为的工作作风，克服了时间紧、任务重、情况复杂等困难因素，全力推进了任务的落实，圆满完成了“创建基本无违建社区”的工作任务，为实现基本无违法建设城区夯实了基础。

（三）社会协同，喜见共商共治新局面

区社会治理委员会与社会成员单位通过共同策划举办“以拼搏为美　向行动致敬——‘老街坊’主题文艺演出”。作为我区“喜迎十九大”系列文化活动之一的“老街坊”主题文艺演出，多角度展现了石景山区社会治理委员会和“老街坊”在社会治理与和谐社区建设当中的成果，是我区扎实推进“两贯彻一落实”各项工作的重要举措，通过整合社会资源、协调社会关系、解决社会问题、化解社会矛盾，增强社会发展活力，提高了基层社会治理水平。

在“老街坊”主题文艺演出圆满落幕后，在石景山区151个社区内，开展“擦亮城市，庆祝国庆，喜迎十九大”大型公益活动。区委、区政府、各街道及成员单位，共同参与清理堆物堆料、绿地垃圾、小广告，擦拭健身器材等行动，

在石景山区内掀起了一场全民“大清洁”运动。进一步弘扬了“奉献、友爱、互助、进步”的志愿服务精神，形成了大众参与、人人公益的良好氛围，倡导维护身边公共设施和公共秩序，体现了党委领导、政府负责、社会协同、公众参与、法治保障的社会治理理念，充分发挥党组织在社区治理中总揽全局、协调各方的领导核心作用，引领和推动社会力量参与社会治理，打造共建共治共享的社会治理格局。

通过开展形式多样的活动，达到了加强沟通、增进了解、互通有无、优势互补、资源共享，我区与社会单位共同发展的目的。

三、存在的困难及原因分析

（一）体制编制有待完善

社会治理委员会是我区推动社会治理体系和治理能力现代化进程的大胆尝试，中央、市级并没有相关机构设置模式可以借鉴，目前区级社会治理委员会和街道社会治理委员会没有独立专门的办公机构，区级办公室设立在社会工委党建科，目前没有配备专职人员，工作暂由科室其他人员承担，各街道对社会治理委员会责任科室设定不统一。第一次会议后，办公室做了大量的沟通协调组织工作。党建科现仅有 1 个公务员编制，开展日常社会领域党建工作的同时实难更好地兼顾社会治理委员会工作，党建科亟须增加编制。

（二）各单项治理机构重视不够

区级社会治理委员会下辖 10 个单项治理机构，作为单项治理机构办公室所在的委办局对社会治理工作的重要意义认识不到位，没有认真思考本单位在社会治理中应该发挥的作用及如何发挥作用，加之社会治理委员会工作尚未列入区委区政府年度工作要点，各委办局在制订工作计划时不能积极主动地考虑如何把本职工作与社会治理委员会工作有机结合，有目的、有计划地开展社会治理工作。

（三）社会单位的社会责任感有待增强

构建和谐社会，离不开社会力量的积极参与。目前，社会单位的关注点集中在自身生产经营上，履行社会责任的意识相对薄弱，参与地区建设积极性不高、重视度不够，他们认为社会治理工作是政府单方面的工作，与企业关系不大，没有意识到共同参与治理可以给本单位生产经营带来帮助。同时，社会治理委员会开展的活动不足以吸引社会成员单位参与，未能向区委区政府精准反馈成员单位所想所需所急，在制定年度发展规划时未出台精准帮扶政策。

四、规划社会治理工作的可行方案

为有效解决工作推进中发现的问题，结合《石景山区社会治理委员会三年行动计划》，要求各单项机构办公室加强与社会成员单位的沟通，充分发掘有机结合点，大力开展共建活动，以活动促发展；不定期举办街道、社区或地方机构与驻区单位，驻区单位与驻区单位之间的结对子、资源开放对接会，促进多元主体间的互相理解、支持和交流。根据社会治理行动计划的重点考核指标和社会治理的总体评价指标体系，加强督察考核。

1. 完善党建引领社会治理的体制机制

发挥社会治理委员会总揽全局、街道党建工作协调委员会议事协商、社区区域化党建工作平台谋划落实的作用，以党建合力打破条块分割、互不开放的治理困境。各级、各单位党组织将社会治理工作纳入工作范畴和重要议事日程，自觉将本部门、本单位的工作纳入地区经济社会发展的格局。

2. 推动区域社会服务资源共建共享

各类驻区单位根据自身特点将资源向社区有序开放，将服务向社区延伸，建立网格化社会服务资源共建共享体系。采取补贴、补助、奖励、表扬表彰等方式，形成共驻共建、资源共享的和谐氛围。

3. 共同疏解非首都功能，推动区域环境优化美化

区级层面严格控制人口规模，疏解不符合首都功能定位的产业。各驻区单位明确各自在疏解非首都功能工作中的具体任务，指定内部责任部门和责任人，建立与石景山区相关部门的沟通协调机制。区委区政府向驻区单位提出工作要求，通报工作进展，通过考核检查、工作经费补助等方式加强对驻区单位的服务与管理。

4. 统分结合，开展社会主义精神文明活动

推动企事业单位开展各种志愿服务活动，驻区单位参与，联合开展地区性精神文明活动，广泛开展各类文明创建活动；驻区单位积极参加辖区组织的各项活动。区委区政府的年度精神文明活动规划和各项活动组织方案，应通报给各驻区单位，并听取其意见和建议，吸引驻区单位参与。

5. 条块联合，推进社会治安综合治理

把社会治安综合治理纳入各单位年度规划计划，逐步实现区、街、社区三级统一联动的城市管理。驻区单位及时向地方通报重大案件、重大社会纠纷（涉密的除外）；积极参与治安联防工作；建立内部治安防范管理目标责任制，落实各项安全制度。区委区政府及时向驻区单位通报重要信息和重大情况；将驻区单位纳入矛盾纠纷排查调处机制和社会稳定预警机制；对驻区单位移交或需协调解决的矛盾和纠纷，应根据主管、主办和责任原则协商妥处。

路虽远，行则必至；事虽难，做则必成。社会治理工作虽然艰辛，但我们有信心有决心在石景山区探索出一条崭新的社会治理之路，汇聚起全区拼搏奋进的磅礴动力，为全力打造"六个先行区"做出贡献。

关于社区减负增效工作的研究与思考

王君语
石景山区委社会工委

社区居民委员会是党领导下的基层群众性自治组织，是党和人民政府联系群众的桥梁和纽带，是建设社会主义民主政治的主力军之一，是新形势下矛盾纠纷多元化解机制的重要一元。多年来，石景山区社区居民委员会在推进社会主义民主政治建设、维护社会稳定、密切与居民群众关系、服务百姓、巩固党的执政基础、构建和谐的民生家园和精神家园等方面发挥了重要作用。

近年来，社区行政化色彩浓、行政负担重的问题较为突出。推进社区减负增效，既是推动社区治理创新的前提和保障，也是推进社会治理能力和治理体系现代化的必然要求。因此，如何减轻社区行政负担、发挥社区自治功能、提升社区服务效能，值得我们研究与思考。

一、基本情况

石景山区位于北京城区西部，总面积 84.38 平方公里，常住人口 61 万，全区下设 8 个街道和 1 个街道层面的鲁谷社区，共有 153 个社区，社区工作者近 2 200 人。

为了厘清社区工作职责、用章和考评事项，我们委托第三方调查机构选取八角街道 4 个社区作为主要样本采集点（其他社区采集了挂牌、档案、考评和信息平台等数据），对社区工作进行调研统计，具体如表 1 所示：

表 1　　调研统计表

调研对象	调研方式	调研样本	调研数据
社区居民	问卷调查	一个月内到 4 个社区居委会办事的居民	306 份有效问卷
	座谈会	平日与社区居委会接触较多、较了解社区工作的居民	4 场座谈会笔录

续前表

调研对象	调研方式	调研样本	调研数据
社区工作者	历史资料	一年内 4 个社区的用章登记记录	居委会用章登记表、748 条用章记录
		一年内社区工作人员月工作考核表	月工作考核表
	工作日记	一个月内四个社区工作人员的每日工作记录	四个社区工作人员的工作日记
	座谈会	4 个社区的党委、居委会、服务站工作人员及协管员	4 场座谈会笔录
	深访	4 个社区的书记、主任或副主任	8 个深访笔录
街道办事处科室	深访	八角街道组织部、宣传部、民政科、社区建设科、城管科、安全科、文教科、计生办、综治办、社保所负责人	10 个深访笔录
区政府相关部门	深访	区社会办社区建设科科长、党建工作科科长	1 个深访笔录

以下为相关调查数据：社区党组织日常公共服务工作共 43 类 103 项；社区居委会日常公共服务工作共 64 类 145 项；社区服务站日常公共服务工作共 36 类 68 项；社区各级评比创建工作 34 项，各级信息平台 32 个，各种台账、记录、统计事项 352 个，各种牌匾 147 个；社区居委会用章涵盖 18 类 82 项。

二、社区负担重的主要表现

（一）行政事务多

社区已经成为各级部门基层事务的主要承办者，许多工作名为“协助”实为“主抓”，政府工作“进”社区变成了“交给”社区。

（二）创建达标多

各级部门针对社区的创建任务名目繁多，社区忙于搞创建、争示范、保达标，客观上挤占了为居民服务的时间。

（三）考评台账多

许多部门的工作，主要靠会议布置、检查推动，如八角街道北里社区，一年接受各级检查考评 37 次，各类总结汇报 76 份，参加各类会议 192 人次；景阳东街第二社区的台账达到了 77 个。

（四）机构挂牌多

很多部门都要求社区成立领导小组、工作室、工作站等，并将之列入检查考核范畴。如杨庄北区各类组织机构达到了 45 个，每一个组织机构都要求对应挂牌，实际上很多组织机构无法发挥作用。

（五）信息系统多

很多部门将信息系统延伸到社区，并要求定期进行数据录入更新，但是各个系统之间的数据无法共享，造成人员和资源的严重浪费。如八角街道北里社区的信息平台达到了 20 个。

（六）盖章证明多

各级政府部门、事业单位、营利性组织在业务审批中要求社区出具各种盖章证明，很多盖章证明都超出社区业务范围和法律责任范畴。

三、社区负担重的客观原因

（一）治理理念相对滞后

随着经济转轨、社会转型、政府职能转变，一方面，单位人变成了社会人，公共服务社区化；另一方面，政府管理重心下移，许多行政事务工作向社区延伸。与此同时，社区治理理念却相对滞后，一些部门为了创新工作、打造特色，把工作“进”社区作为重要抓手，甚至把一些专业性、技术性强的业务工作交由社区办理，加重了社区负担。

（二）法定职责不够清晰

社区居委会职责不够清晰，协助政府工作缺乏明确的界定，1989 年颁布的《城市居民委员会组织法》规定较为宽泛，有些政府部门对社区居委会的法律地位存在模糊认识，把社区居委会视作政府的“派出机构”。有些街道办事处把许多工作向社区转移，把区对街道的考核办法移植到街道对社区的考核上来。

（三）社会组织发展不快

目前，社会组织培育工作总体水平还不高，特别是专业社会组织数量偏少、规模偏小、组织化程度低、服务范围有限、功能不健全，难以满足居民群众日益增长的多样化需要。社区指导居民建立的一些社区社会组织，同样种类单一、规模不大、架构松散。

（四）支持力度有待加强

一些部门工作“进”社区，认为这是社区应该做的，不存在提供经费保障的问题。这种做法客观上挤占了有限的社区工作经费，影响了社区工作的正常开展。

四、开展社区减负增效工作的思考

（一）社区减负增效基本原则

坚持依法履职。依法明确社区工作职责，充分发挥社区在社会动员、服务居民、协调利益关系和维护基层稳定等方面的积极作用。

坚持居民自治。充分发挥社区居民自治功能，完善自治制度，不断满足居民群众多元化需求，进一步提升社区居民自我管理、自我教育、自我服务、自我监督的能力。

坚持规范管理。制定社区工作事项目录，建立社区工作准入机制，减轻社区行政工作负担，提高社区自我服务能力。

坚持权责一致。社区依法开展工作，各职能部门也要按照“责权一致”的原则，做好本单位职责范围内的工作。

（二）切实减轻社区工作负担

1. 依法确定社区工作事项

一是社区工作事项内容分为依法履行职责主要事项和依法协助政府工作主要事项。根据国家法律、法规和地方性法规有关规定，实行清单管理，对各职能部门、街道办事处职责范围内转嫁给社区的事项进行清理。二是属于各部门、街道办事处职责范围内的事项，不应转嫁给社区。

2. 规范考核评比项目

一是除法律法规规章有明确规定和中央、市委市政府明确要求外，各职能部门不得要求在社区设立工作机构、专门场所和配备专职人员，不得要求社区建立各级职能部门业务台账；不得随意借调社区工作人员。二是精简和压缩各类报表，对于社区依法承担、协助完成的工作确需保留记录的，可依托社区管理服务信息平台，整合建立电子台账。三是全面梳理面向社区的各类达标、检查评比和示范创建活动项目，除中央和市委市政府明确要求开展外，其他一律取消。四是各相关部门不再单独组织社区层面的考核评比活动，各街道（鲁谷社区）建立健全以社区居民满意度为主要指标的社区工作综合考评机制，将社区各项工作任务纳入和谐社区建设工作范畴。取消对社区的“一票否决”事项。

3. 建立社区工作准入制度

成立区社区工作准入领导小组，由主管街道工作的区委区政府领导担任组长，区委组织部、区社会办、区编办、区民政局为成员单位，负责各职能部门进入社区工作事项的审核。领导小组办公室设在区社会办，负责进入社区工作事项的初审和社区居民委员会、社区服务站工作清单的修改。区各职能部门拟由社区承接或配合的工作事项，应先向区社区工作准入领导小组办公室提出书面意见，并附市委市政府及以上机关的文件依据。办公室组织有关部门和街道进行研究，对申请事项的可行性、合理性进行初审。初审通过后，提交区社区工作准入领导小组研究审批。

4. 规范社区机构评比用章

社区印章是指社区居民委员会印章，用途分为工作用章和为辖区居民出具证明用章。

（1）工作用章使用范围：居民会议的决议、上报的公文、居务公开内容、单位共建协议、发放的通知、告示、档案和宣传材料等。

（2）为辖区居民出具证明用章使用范围：居民居住证明，居民是否在家正常死亡的证明，居民申请最低生活保障、子女助学、住房保障、独生子女奖励的证明，流动人口婚育证明，养犬证明等材料。

（3）本着“谁主管、谁负责”的原则，对法律、法规和规章明确规定需社区提供证明，属于社区职责范围，且社区能够如实掌握情况的事项，可盖章证明。

（4）凡社区居民凭户口本、身份证、工作证、汽车驾驶证等相关证件能证明的事项，不得要求社区居民委员会出具证明。

（三）全面提升社区服务效能

1. 提升自治能力和服务水平

一是发挥社区居委会主体作用。社区居委会在社区党组织领导下，主要负责组织开展居民自治互助服务、社会公益服务、便民利民服务。要充分发挥其在社会动员、服务居民、协调利益关系和维护基层稳定等方面的积极作用；要推进社区参与型议事协商，引导居民依法行使民主权利，强化社区自治功能。

二是提升社区服务站专业服务能力。社区服务站在社区党组织和居委会的领导下，协助做好与居民利益有关的社区公共服务事项。要进一步提升专业服务水平，实现政府公共服务和居民自我服务的有效衔接。

三是推进社会组织承接政府职能。建立区、街社会组织孵化基地，以政府购买服务方式，探索将政府部分社会管理事项和公共服务事项转移给社会组织。提供政策扶持、资金支持，大力培育和完善文化、教育、体育、卫生、养老等专业社会组织。

2. 加强社区服务队伍建设

（1）加强社区工作者队伍建设。

一是实施“社区便民弹性工作制”。按照“方便居民、服务居民”的原则，细化社区工作服务的内容、步骤、方式、措施等。通过社区工作者错时上下班或非工作时段预约制等方式，不间断、全响应服务社区居民。

二是建立全能社区岗位。以“首问负责”“一站式服务”为要求，大力推进“一人多能”“一岗多职”，推行“预约服务”“上门服务”模式，提升社区服务水平。

三是严格落实各项社区工作者管理制度。实行组织考核与居民评议相结合、日常考察与年度考核相结合、定性与定量相结合的方法，加强对社区工作者工作实效的考核；委托第三方对社区工作者的服务态度、人员在岗、办事效率、仪表仪态、弹性工作制等监督抽查，并将抽查结果与月绩效、年终绩效挂钩，以进一步提高社区工作者素质和为民服务能力。

四是优化社区工作者队伍结构，建立“老中青”三结合的社区工作者队伍。推进“本土化”，完善区内居住地的调动交流模式。推进“民选街聘”工作的落实，将社区内的“能人”吸纳到社区工作者队伍中来，提升社区居委会的自治水平；根据社区实际岗位空缺情况，通过公开招考形式为社区工作者队伍补充年轻化、专业化人才。

五是发挥骨干社工的引领作用。在青年社工培训中开展团队精神拓展项目，推动优秀社工传、帮、带“领雁工程”，实施“社区带头人”计划，完善“优秀社区居委会主任”巡讲机制，不断提高社区负责人抓班子、带队伍、干工作的能力和素质。

六是落实好社区工作者薪酬待遇。按北京市统一部署，及时调整方案及具体落实工作，提高社区工作者待遇水平，将“政策留人、事业留人、感情留人”落到实处。

(2) 加强协管员队伍建设。

一是强化一种意识。相关部门和各街道将专职协管员队伍统筹规范工作纳入重要议事日程，不断强化责任意识，深刻认识统筹规范管理工作是我区推进管理重心下移、推进街道职能转变和推进基层力量整合的重要切入点、落脚点及着力点，是加强社会治理、深化城市管理体制改革的创新举措，具有积极、重大、深远意义。

二是加强两级推进。区级层面，通过召开工作部署会、经验交流会、现场观摩会和开展专题调研、座谈等方式，推进工作落实、掌握具体情况、了解工作进展、明确工作要求、解决实际问题。为各街道申请增加了一名社保所副科级职数，保证既有工作的有效运转和协管员队伍的管理到位。安排专项资金，为街道专职协管员补充配备了工作服装和交通工具，提升了队伍工作形象，改变了队伍精神面貌，实现了协管员归属感、荣誉感、责任感的大幅提升。街道层面，各街道普遍成立了协管办，抽调人员专门负责此项工作，制定了管理办法、培训办法、考核制度和休假制度等，实现人员的统一管理、分配、调度，职能的高效整合及工作的有序衔接。

三是落实三项统筹。1）统筹工作安排。建立“区、街、社区”三级管理机制，将20类专职协管员的管理权限和相关资金，全部交由街道统筹使用，相关部门的业务通过街道统筹下达，实现了资金的专项统筹、规范使用、高效集约。2）统筹岗位管理。对各街道协管员任务总量、岗位总量进行测算，实现定岗、定责、定编。统一职能规范与统筹综合类别，打破协管员条线壁垒，实现了协管员职能的增加、类别的减少，促进了协管员队伍向“一岗多责、一人多能”的转变。3）统筹效能提升。开展系统培训，内容包括统筹规范管理的意义、职业规范、技能实操等，完善激励机制，实施岗位工资、季度奖和年终奖制度，奖勤罚懒，多劳者多得。

四是抓好四个结合。1）与“网格化”结合，协管员成为主要力量。明确了街道可选拔专职协管员并将其纳入网格化工作统筹使用，由协管员担任网格员，不再单独招录。2）与“大城管”结合，协管员成为辅助力量。各街道根据基层社会治理和综合执法工作性质及实际需要，统筹安排协管员队伍辅助专业部门开展综合联动执法工作。3）与“信访代理”结合，协管员成为参与力量。充分发挥协管员队伍“触角、喉舌、助手、耳目”的作用，了解掌握相关信访人的真实情况，为信访代理工作提供参考依据。4）与重点工作结合，协管员成为机动力量。部分街道成立了协管员应急分队，为地区各类重大事件、重要节点、突发事件的安全保障任务提供了人力资源。

五是加强社区志愿者队伍建设。充分调动居民参与社区治理的积极性，完善志愿者招募、注册、培训和激励机制，进一步加强“社区工作者＋社会工作者＋志愿者”服务联动机制建设，促进社区志愿服务事业发展常态化、制度化、规范化。

3. 逐步整合社区信息平台

一是精简各部门建设和部署在社区的业务应用系统和服务终端。

二是规范各类业务应用系统与社区公共服务综合信息平台的共享范围、共享方式和共享标准，推进数据一次采集、资源多方共享。

三是鼓励各街道积极研究探索，整合各项业务系统数据需求，制定统一的模块化信息采集表格，通过多种渠道、多种方式，统筹信息采集工作。

房山区“智慧社区”建设的实践与思考

于瑞林
房山区委社会工委、区社会办

在社会信息化飞速迈进的今天，人们对住宅的关注已经不再局限于居室面积、周边环境、交通等方面，而是把更多的兴趣和注意力放在与外界沟通、通信服务、安全防范、物业管理等方面，这就要求传统的社区采用先进的科技手段延伸服务功能，“智慧社区”自此应运而生。

一、智慧社区的含义和重要作用

智慧社区是社区管理的一种新理念，是新形势下社会治理创新的一种新模式。具体来讲，智慧社区在区域内综合应用物联网、云计算、移动互联网等新一代信息技术，整合区域人、地、事、物、组织等资源，统筹公共管理、公共服务和商业服务，以智慧社区综合信息服务平台为支撑，依托适度领先的基础设施建设，提升社区治理和社区管理现代化，促进公共服务和便民利民服务智能化，为社区居民提供一个安全、舒适、便利的现代化、智慧化生活环境，从而形成基于信息化、智能化社会治理与服务的一种新的社区管理形态。智慧社区不仅是一种社区管理服务创新模式，也是实现新型城镇化发展目标和社区服务体系建设目标的重要举措之一。

积极推进智慧社区建设，有利于提高基础设施的集约化和智能化水平，实现绿色生态社区建设；有利于促进和扩大政务信息共享范围，降低行政管理成本，增强行政运行效能，推动基层政府向服务型政府的转型，促进社区治理体系的现代化；有利于减轻社区组织的工作负担，改善社区组织的工作条件，优化社区自治环境，提升社区服务和管理能力；有利于保障基本公共服务均等化，改进基本公共服务的提供方式，以及拓展社区服务内容和领域，为建立多元化、多层次的社区服务体系打下良好基础。随着科学技术的不断发展，社区信息化成为现代社会发展的必然趋势。在我国城镇化进程不断推进的背景下，利用信息技术建立多元的信息沟通渠道、重建人们对社区的归属感，使居民在共建共享发展中有更多获得感，增强发展动力，增进居民团结，增加公共服务供给，从解决人民群众最关心最直接最现实的利益问题入手，提高公共服务共建能力和共享水平，是促进社会和谐的有效措施，也是促进基层治理能力现代化的重要手段。

二、房山区“智慧社区”建设的发展脉络和现状

房山区自 2008 年北京奥运会结束以后，就把积极推进新型城镇化作为推动全区发展的重要战略之一，并实施了一系列新举措。2014 年，房山区被国务院确定为全国两个新型城镇化改革试点区县之一，城镇化发展突飞猛进。然而，随着城镇化进程的不断加快，社会管理、社区服务体系建设等新问题不断凸显。2008 年 9 月，北京市委市政府顺应特大城市建设与发展的新要求，决定成立社会建设工作委员会和社会建设领导小组办公室，一年以后，16 个区相继成立了区级社会工委和社会办，专门负责统筹、协调、规划、解决社会治理与社会服务遇到的新问题。“智慧社区”建设，正是在这之后被提上了工作日程。但当时对“智慧社区”建设更多的是概念式的理解和认识，“智慧社区”建设真正进入快速发展阶段还是近几年的事情。

经过近 10 年的探索和努力，房山区的“智慧社区”建设取得了一系列积极的成果，同时也存在很多不能回避的问题，可以说是“喜忧参半”。一方面，随着人民群众对现代化、智慧化生活的需求越来越强烈，创新社区管理和社会治理的需要越来越迫切，已经引起了各级领导的重视。目前，房山区试点建设 5 个社区综合服务平台，覆盖 60 个城镇社区。长阳镇全镇已经实现数字化管理，“智慧社区”已经覆盖社区文化活动、健康管理、居家养老、日间照料、心理咨询、青少年课余教育等多个领域，一大批社会组织应运而生并投身社区服务，产生了良好的社会效果。另一方面，“智慧社区”建设遇到的新情况和新问题层出不穷，需要边实践、边摸索，大胆创新去解决。有些问题必须采取强有力的措施，综合施力才能取得突破。

第一，坚持以人为本，以需求为导向。把实现社区居民的利益作为“智慧社区”建设的根本出发点和落脚点，以居民最迫切的现实需求为导向，把社区居民

满意程度作为重要考核标准，确保“智慧社区”建设不偏离服务于民的根本目标。第二，坚持统筹规划，整合资源。要充分结合社区现有资源，统筹规划，合理布局，最大限度地降低社会成本，避免资源浪费。鼓励以智慧城市公共信息平台和基础数据库为依托，搭建市级或区级统一的“智慧社区”综合信息服务平台，整合社区治理、小区管理、公共便民服务等专项应用，促进社区管理和服务向集约化方向发展。第三，坚持政府引导，社会参与。在各级党委政府领导下，充分发挥政府在规划、政策、法规及标准制定、资金投入和监督管理等方面的引导作用，鼓励和支持社会组织、企事业单位、社区居民共同参与“智慧社区”建设、管理和运行，充分发挥市场在资源配置中的决定性作用，探索低成本、高实效的“智慧社区”发展模式。第四，坚持因地制宜，分类指导。坚持从实际出发，充分结合当地经济社会发展现状和趋势，在把握“智慧社区”建设基本要求的前提下，分类指导，突出重点，分步实施，避免脱离实际的“摊大饼式”建设。逐步建立可持续发展的社区治理体系和智能化社会服务模式，建立完善的社区服务体系。

三、房山区“智慧社区”建设实践中遇到的主要问题

在新时期新形势下，居民对便捷、高效、智能的社区服务需求与日俱增，倒逼政府优化行政管理服务模式，引导建立健康有序的社区商业服务体系。随着信息技术的高速发展，国内“智慧社区”建设相关的技术基础较为扎实，面向移动网络、物联网、智能建筑、智能家居、居家养老诸多领域的应用产品及模式已基本成熟。此外，广州市、深圳市、常州市等经济发达地区已率先开展了“智慧社区”建设，在社区治理、便民服务等领域取得了显著的成效。因此大规模开展“智慧社区”建设势在必行。然而在“智慧社区”发展前景如此光明的情况下，其发展道路也是漫长而曲折的，现结合房山区实际情况，提出几点实践中遇到的问题。

我区在当前“智慧社区”建设中遇到的突出问题有以下五个方面：一是社区基础设施建设水平参差不齐，建设“智慧社区”的基本条件千差万别。我区现有成立居委会的社区 155 个，其中很大一部分是从过去的央企、市企和区属国有企业继承过来的老旧社区，部分新开发的居民小区建设得也不规范，大多数社区基层组织甚至连办公场所都没有，社区服务中心、服务站、医疗和文体等综合服务设施更是匮乏，智能家庭系统普及也是相当困难。二是社区基层组织不健全，管

理体制机制不完善。截至 2017 年底，在我区 155 个社区中，社区党支部、居委会、社区服务站已经全部配置齐全，但是由于老旧小区多，目前还有相当一部分小区没有物业公司，有正规业主管理委员会的更是不足 5%。除此之外，还存在社区党支部、居委会干部年龄老化、文化水平偏低，以及和物业公司之间配合默契程度低等一系列问题。三是顶层设计混乱，部门之间各唱各调，各吹各号，“智慧社区”建设被边缘化。近年来，“大数据”“云计算”“数字城市”等依托于信息化的时髦词汇层出不穷，也成为各级决策者自主统筹实施的热门领域。由此，综治部门发文实行社会治理网格化，社会建设部门发文实行社会服务管理网格化，经信委发文创建数字城市，市政部门发文成立城市指挥中心，发展到后来，城管执法局和安监局也实行网格化管理；而具体到政策落实层面，只有住建部发了一个《智慧社区建设指南》，由于缺乏系统性的顶层设计，资金大量流向大工程和大项目，相比之下，“智慧社区”所获得的资金支持少之又少，逐渐向“民间工程”的方向发展。近几年，我区信息化建设支出为每年 1 亿元，网格化建设支出每年也达上千万元，但每年“智慧社区”的建设经费只有固定的 100 万元。四是“智慧社区”平台运行体制机制不健全，实践证明，建设一个“智慧社区”服务平台很容易，但由谁来管、怎么管，却是一个新课题，靠传统的行政体制配置机构和人员显然行不通，但是靠现有的社区基层组织的人员来管理，又存在文化水平有限、专业化程度不高、社工队伍人才匮乏等问题。五是社会企业和社会组织参与程度不高，后续服务跟不上。一方面，“智慧社区”大多是公益性的服务，市场介入盈利点少，无法激发以营利为目的的社会企业的积极参与。同时，由于我们的社会组织培育还不够发达，很多公益性服务还在靠行政手段由社区基层组织来完成，如社区文化活动推广、社区道德体系构建等。另一方面，“智慧社区”的任何一项服务都必须有一个强大可靠的支持机构。我们的“智慧社区”提供的个性化服务比较多，如居家照料、网络医生、心理咨询等，但是恰恰在这些方面，我们的社会企业和社会组织发育得不够，后续服务跟不上，难以满足社区群众的需求。

四、创新突破与初步计划

“智慧社区”建设是我国社会治理精细化发展的大趋势，是“一切以人民的利益为中心”的内在要求，是满足人民群众对美好生活追求的重要手段。实践中，我区以问题为导向，以创新为动力，采取了以下几项措施，并且取得了一些成效。

一是下决心补齐短板。在我区的“智慧社区”建设中，最大的短板是基础设施建设和人才队伍建设。在北京市政府的统一协调和支持下，我区从2010年开始，用5年的时间，划拨5.25亿元解决了121个社区办公和活动场所规范化的问题，并加强社区基层组织建设，确定办公经费标准，实现了有人办事和有钱干事，为“智慧社区”建设奠定了坚实的基础。与此同时，北京市从2010年开始连续3年面向全国招聘大学生社工（工作满两年给北京户口），之后由各区县自主招聘。截至目前，我区大学生社工已达1 000人，在2015年的社区基层组织换届选举中，77名大学生走上了社区基层组织领导岗位，由他们发起注册的心理咨询事务所、社区服务中心、“小康之家”社会事务所等一大批社会组织已经成为“智慧社区”服务的骨干力量。

二是创新思维，突出个性。几年前，我们通过不断总结在社会建设和社会治理领域的工作经验，提出未来社区服务的主体应该遵循“一老一小一环保”的理念，推进“智慧社区”建设也是紧紧围绕着这7个字进行的。“一老”，是针对我国全面进入老龄化社会的不可回避的现实；“一小”，是要全面关心我们的下一代，是每个家庭之必需；“一环保”，是指社区环境和居家环保，是现代生活之品质。所以，我们在“智慧社区”建设中以区域性社区综合服务中心为平台，以“一刻钟服务圈”为设计半径，在区域内集约化服务单个社区居民的个性化需求。我们着手建设我区第一个社区综合服务中心——西潞街道社区综合服务中心。这个中心覆盖周边9个居委会，既有“智慧社区”信息化服务平台，又有老年舞蹈、摄影、书画、歌唱、手工、心理咨询、日间照料、青少年关爱、社区食堂等服务项目，每周每月活动满满，热闹非凡。如果一个社区建一个这样的服务中心，有共同爱好或需求的人数很难形成规模，这样不仅会造成服务和活动开展的困难，也直接造成了资源的浪费。因此，覆盖面更宽、服务范围更广的区域性综合服务中心成为大的趋势，这也是“智慧社区”发展的一大创新。

三是创新方法，综合施力。“智慧社区”建设要以社区综合服务中心为支撑，单靠一个部门的力量难以解决问题。为此，我们在建设过程中，调动协调各方面的资源，把各个部门的力量都尽可能地吸附到这个平台上来。如民政部门的“老年日间照料中心”、残联的“爱心超市”、共青团的“青年汇”、妇联的“妇女之家”、科协的“社区科技之家”等，这些都是有专项经费保障的项目，我们还为公益性社会组织提供免费活动场所和临时办公空间。几年来仅西潞街道社区综合服务中心就吸引了9个政府部门和15家社会组织，并联络了我区众多医疗、家政服务、老年餐车等服务组织和机构，使之成为服务后台。

四是创新机制，推向市场。“智慧社区”平台和它所提供的服务，一个典型的特征就是公益为先，服务为主，但要保持它强大的生命力，就必须采取以营利带公益的方式，将其推向市场。“政府引导，市场运营”模式能取长补短，兼顾政府统筹，充分发挥市场经济环境下的良性竞争对服务水平的提升作用。对此，我委、办和我区社会组织“小康之家”、北大创业训练营专门成立了联合课题组，分析培育“智慧社区”的盈利点和技术、服务运营成本，联合注册了北京市房山区社区服务公司。下一步，我委、办将把社区综合服务中心和“智慧社区”平台以无利润承包的方式移交该公司，社会工委只负责监督其履行社会责任和服务群众的情况。这也是一种大胆的探索。

五、展望

结合我区智慧建设实践，按照社会治理精细化发展趋势，以当前我区社会实践中的具体措施为支持，未来“智慧社区”建设发展方向主要有以下三点：

一是数据是“智慧社区”“智慧”的根源。“智慧社区”要以“云计算”“大数据”为技术支撑，朝着精细化、精准化服务方向发展。

二是“智慧社区”要同党领导下的社区治理紧密结合，成为一个相互协调的统一体，向社区“一核多元”治理模式下针对个性化需求、进行精细化服务的“云计算”平台发展。

三是“智慧社区”要着力改变目前专业化人才稀缺的现状。由于专业化服务队伍与公益服务型的社会力量、社会资源相当匮乏，切实有效的社区服务有时有些力不从心，因此“智慧社区”要与大量的社会机构和服务资源对接，才能保证“智慧社区”有效运行，发挥其应有的作用。

顺义区“两新”组织党建工作情况分析报告

单继礼　朱广娜
顺义区委社会工委、区社会办

一、抓好顶层设计和基层基础，有效提高“两新”组织党建“两个覆盖”

截至目前，经过会商确认，全区登记的社会组织有357家，党组织覆盖的社会组织有255家，覆盖率达71.4%；非公有制企业2 650家，建立党组织392个，覆盖2 324家非公有制经济组织，覆盖率为87.7%。

一是顺势而为，提出思路对策。按照职责定位，不等不靠，正视现状，坚持将“两新”组织党建纳入全区“大党建”格局统一规划、统一部署、统一考核、统一推进，探索具有顺义特色的“两新”组织党建工作新路径，进一步提升党建科学化水平。在调研的基础上，会同区委组织部联合制定了《顺义区统筹协同推进“两新”组织党建工作暂行办法》，几易其稿，将其作为区委构建“大党建”工作十一个文件之一印发，从制度政策层面为“两新”组织党建工作提供了支持。该办法围绕提高“两个覆盖”这个中心任务明确了目标要求，并针对党建管理体制、组织覆盖、作用发挥、队伍建设、基础保障等方面存在的问题，提出思路和对策。

二是加大保障，狠夯工作基础。在经费预算方面，积极争取财政资金，扩大对全区社会领域党建经费的投入，由2016年的133.6万元增加到2017年的659.6万元，增加了约3.9倍。

在加强队伍建设方面，我区研究出台了《顺义区“两新”组织党建工作指导员选聘管理办法》，对党建工作指导员的选聘条件、流程、工作职责、待遇保障、教育管理、考核评议等方面进行了具体规定。2018 年选聘了 186 名党建工作指导员并组织集中培训，覆盖 14 个镇、6 个街道、2 个经济功能区，进一步增加了选聘人数、扩大了选聘范围和覆盖区域。同时，组织开展了“两新”组织党组织书记和党务工作者示范培训班，并指导各镇、街道、功能区党（工）委对社区、非公企业、社会组织等基层党组织书记进行全员轮训，目前已全部完成。

在完善党建阵地建设方面，按照区域统筹、资源整合、统一管理、多方使用的理念，研究制定了《顺义区社会领域党建阵地规范化建设的实施意见》，从目标要求、经费支持、实施步骤等方面进行了详细规定。整合了 5 个镇、街及功能区区域级党群活动中心和 30 个社区服务活动场地，分别给予 20 万元和 3 万元的资金支持。为加快推进我区“两新”组织党群活动中心建设的筹备工作，安排专人对亦庄开发区和中关村朝阳园（电子城）的党群活动中心进行了专题调研，并形成了《党群活动中心调研情况的报告》。

在信息化建设方面，启动了社会领域党建工作管理信息系统建设，目前基本建设完成，确定了数据管理、综合查询、党建先锋等板块，为掌握台账管理的主动权、发挥信息化作用搭建了平台。

三是坚持主动作为，扎实推进党组织建设。针对市委督导组的《顺义区“两新”组织党建工作督查调研反馈意见》，坚持立改立行，会同区委组织部、区民政局专题会商快递业党建工作，顺丰快递党组织升格党委的工作有序进行。采取现场办公、集体会诊的形式，对 33 家相关委办局主管的 300 余家社会组织党建工作进行了系列专题会商，取得的成果主要有两项：理清、确认了底数台账，明确了建立党组织的形式和时限；形成了《顺义区社会组织党建工作调研报告》，总结了我区社会组织党建工作存在的主要问题，并提出了意见和建议。

四是完善党建台账。（1）多措并举，摸清底数。各党（工）委组织力量对“两新”组织开展全面排查摸底，努力做到“五个清”（经营运行情况清、职工队伍清、党员队伍清、建立党组织情况清、出资人情况清）。（2）定期更新，动态管理。为及时掌握“两新”组织新成立、停业、注销等情况，要求各党（工）委每月上报一次新成立党组织的相关情况。（3）注重源头，引导管理。在非公企业登记注册时，登记注册机关、业务主管单位要及时了解党建相关信息。

五是合力推进“两个覆盖”。（1）分类指导，消除“空白点”。按照“规模以上企业抓巩固、规模以下企业抓拓展、有党员的抓组织覆盖、无党员的抓党建工作指导覆盖”的思路，消除空白点，扩大覆盖面，增强有效性，不断探索切合实际的组建新模式。（2）抓住重点，关注规模以上企业。建立未建立党组织的规模较大、影响力较强的行业领军“两新”组织台账，逐步开展工作。（3）亮明身份，排查流动党员。开展“五个摸清”活动，对流动党员开展了全方位的调查摸底。即摸清流动党员的数量及联系方式；摸清流动党员的职业类别、工作单位与流向地域分布，掌握流动党员工作生活状况和参加党组织生活等方面的情况；摸清流动党员所在单位的党组织组建情况和党组织发挥作用情况；摸清“口袋党员”和不愿暴露身份的“地下党员”情况；摸清流动党员发挥作用的情况。

六是在融入生产经营管理中开展活动。在党建工作中，引导“两新”组织党组织坚持“参与不干预、引导不强制、促进不迁就”的原则，把“两新”组织党建与“两新”组织发展融为一体作为工作目标。从目前情况来看，党组织发挥作用好的“两新”组织，在部门间、车间内分层分类设立党员责任区、党员先锋示范岗，党员既承担生产经营任务，又履行个人岗位职责，为发挥其先锋模范作用提供平台；紧紧围绕生产经营的重点、难点工作，开展“献计献策”“技术比武”和评选“先进班组”“先进工会小组”“优秀党员”“优秀团员”等活动，开展的各项活动真正为“两新”组织所情所愿。

七是围绕加强党组织自身建设开展活动。各党（工）委以“两学一做”学习教育常态化制度化为契机，指导“两新”组织党组织加强规范化建设，尽可能地落实“三会一课”等制度。胜利街道建立了非公党群活动中心，指导“两新”组织党组织开展活动，并采取“网上学习”和“网下学习”相结合的方式，确保每名党员参与学习教育。

八是推动“两新”组织履行社会责任。大力号召基层党组织带领广大党员群众积极参与扶贫助困、环境保护等社会公益活动，勇于承担社会责任。今年，琪舰消防党支部被命名为顺义区“两新”组织党建示范基地。奥凯航空党委持续开展“祥云爱心井”“爱心成就梦想”等慈善活动；北京来来酒店与北青社区报和京顺医院联手举办了第二届“关爱一线　暖心行动”，建立“全聚德顺义店爱心基金”，每年投入 10 万元，作为捐给区福利基金会的专项善款；朝阳博润社区服务中心与社会组织合作，针对社区 38 名 70 岁以上特需老党员、老干部以及空巢独居老人和 8 户贫困残疾家庭开展暖心行动，提供日常就餐、生活照料等服务内容。

九是推动“两新”组织党支部工作规范化建设。为贯彻落实区委关于开展党支部规范化建设试点工作的有关部署和要求，结合我区社区和“两新”组织党组织实际情况，制定了《顺义区委社会工委统筹指导社区和“两新”组织开展党支部规范化建设试点工作方案》，成立了统筹指导工作小组，以“一规一册一本一

表一网”为主要内容进行了培训，要求6个街道和13个镇所辖社区党支部100％开展试点，“两新”组织党支部100％开展试点工作。

二、我区“两新”组织党建工作存在的问题及建议

尽管经过多方努力，我们在“两新”组织党建工作方面取得了一定成绩，但由于“两新”组织点多、线长、面广，具体工作千头万绪，督促指导力度还不够大等因素的存在，导致目前工作中还存在一些问题。

（一）统筹协调作用发挥不充分，各部门协同力还不强

社会工委在指导、协调上作用发挥还不够有力，各部门在协同推进、资源共享、形成合力方面成效还不显著；在把握节奏进度、实施分级分类指导、推动均衡发展的用力上还不够强。由于相关部门的职能定位，属地、相关委办局、业务主管单位在职责履行上还没有形成强有力的向心力，还存在“各自为战”“各唱各的调”的现象。一些社会组织的业务主管单位本身是党组或者党支部，没有审批权限，导致符合建支的社会组织迟迟找不到能够为其审批的上级党组织，影响了党的“两个覆盖”工作的推进。如作为“枢纽型”社会组织的文联，目前有5家社会组织符合建支条件，但因为文联与文委是一个党组，没有审批权限，所以迟迟不能建立党组织。社会办作为社会工作事务所的业务主管单位，但组织设置上是党支部，也没有审批权限。

例如，在摸底过程中，各单位摸排方式虽然不一，但有一个共同点，就是通过执法部门和服务中心来配合完成摸底工作，有的镇通过安全生产科、经贸科上门摸排；有的镇通过税务、社保等不同部门摸排。摸排的途径不统一，导致数据存在出入。工青妇也是实现党的工作覆盖的有效抓手，目前我区党建与工建、团建、妇建还没有真正达到有机统一、共同推进、协调发展的状态。为此，今后党建工作要从以下方向着手开展：

一要做强“两新”组织党建联席会议协调机制。在体制外抓党建不同于体制内，做好“两新”组织党建工作，单靠一个部门单打独斗是不行的，必须统筹协调，合力推动。充分发挥53家联席会议成员单位的作用，形成协同推进“两新”组织党建工作的合力。

二要加强源头管理，在非公企业和社会组织登记注册时，登记注册机关、业务主管单位要及时了解党建相关信息。在登记注册和社会组织孵化时，增加签订

党建工作承诺书的强制手段，为“应建尽建”打下工作基础。同时，登记部门每月或每季度应定期将信息通报组织部、社会工委和属地。

三要搞好党的组织功能延伸，用党建带群建，用群建促党建，尤其是要与工会、妇联做到底数联查、组织联建、制度联抓、队伍联合、工作联搞、服务联办、资源联享。

（二）在“两个覆盖”上没有真正达到有效覆盖

目前，社会组织中党的工作覆盖率虽有所上升，但单独建立党组织的社会组织还不多，单独组建率很低；规模以上非公企业党组织覆盖率虽比较高，但规模以下非公企业单独组建率不高；5个商务楼宇的党建工作站虽然建立起来了，但服务不足、作用发挥不够、资源不能共享的问题依然存在。部分镇街按照区域划分，通过村企联建、企企联建、选派党建指导员等方式，将非公企业、社会组织党建工作融入片区、村、社区党建工作，但也存在活动开展难的问题。企业主要负责人不是党员的，对党组织的认识不足，不能妥善处理生产经营和党建工作的关系，反而以企业注重经济效益为借口，对建立党组织和开展党组织活动不积极，也有抵触情绪，这样容易导致党组织出现“空转”的问题，有形无实，缺乏有效覆盖。究其原因，大致有三点：

一是没有党员或者党员数量不够的非公企业和社会组织，为了提高组织覆盖率而采取联建的方式。

二是有党员的非公企业和社会组织，只有少数党员的组织关系在其工作单位，更多的是在外地或者在本地村党支部，其中组织关系在外地的，由于转接麻烦、员工稳定性差诸多原因，不愿意主动转接组织关系；而组织关系在本地的，不愿意将组织关系与本村党组织脱离，也导致一些非公企业、社会组织中的党员人数不足，难以单独建立党组织。

三是从镇、街、园区层面上来看，为了提高党组织覆盖率，大多选择联建方式。

通过分析“两个覆盖”没有实现有效覆盖的原因，为从源头上解决社会组织中党建工作存在的问题，特提出如下建议：

一是从根本上扭转党员数量不足的问题，尤其是尽可能地优先考虑发展非公企业和社会组织的法人或主要负责人为党员，既便于工作开展，又可以增加党建工作稳定性。

二是选派得力的党建指导员到非公企业和社会组织中开展工作，属地党

(工) 委加强指导配合，防止党的组织活动“空转”。

(三) 党建氛围不够浓厚

区职能部门的宣传工作不到位，存在“声音不出家门”的问题。党建工作虽然重视典型树立工作，但在典型的示范引领上还差“一把火”，确实存在“最后一公里”的问题。对不是党员的非公企业和社会组织负责人，没有针对性地依靠上级党组织去做工作。一些非公企业和社会组织党组织活动开展少、形式单一，党组织的作用发挥不明显，向心力不够。因此，今后的“两新”组织党建工作要从以下方面着手落实：

一是充分利用顺义电台、电视台、顺义网城、顺义社会建设网、顺义社区服务网、顺义时讯等宣传阵地，宣传党的政策法规，营造全社会支持“两新”组织党建工作的舆论氛围。

二是要定期开展非公企业、社会组织党建工作优秀项目评比表彰、现场交流等工作，在不同领域打造一批党建工作品牌。同时，编制“典型材料汇编”，面向全区发放，发挥典型示范效应。

三是注重推荐优秀党组织书记作为各级党代会代表、人大代表、政协委员人选，引导非公企业和社会组织积极履行社会责任，形成“顺义力量”。

总之，今后我区“两新”组织党建工作努力的方向是：形成大党建格局的共识，完善工作机制；化解工作瓶颈，理顺工作关系；统筹各方力量，形成工作合力；利用信息技术，搭建工作平台；注重典型引领，深厚党建氛围；搞好业务培训，加强队伍建设；出台保障政策，实现精准支持；统筹资源，加强阵地建设；完善考评措施，纳入督导范围。

发展性视角下社区社会组织孵化探究

田跃华
昌平区委社会工委

发展性社会工作是一种在理念和介入策略上不同于传统社会工作的新实务取向，它在社区社会组织孵化层面的介入是一种创新的、有益的尝试，也将是整合资源、鼓励社区居民参与社区治理的一种发展趋势。本文通过对社区社会组织孵化的探讨，结合现阶段社区社会组织的实务经验，归纳总结了“个人发展—家庭发展—社区发展”三个层次的社区社会组织孵化模式，对发展性视角下社区社会组织孵化进行了深入的探究。

社会工作者在社区为社区全体居民提供直接服务，社区发展需要社区居民通过自己的努力建设与政府部门、社会公益组织等多方面的积极协作，致力于共同改善社区的经济、文化、生态环境，提升社区居民生活质量，从而在整体上提高社区的发展程度，推动社会的全面发展。

一、研究意义

专业的社会工作者不可能长时间地服务于一个社区，需要有人替代这一角色来完成社区发展过程中的服务任务。这就需要社会工作者孵化符合社区发展需求的社区社会组织，在环境、文化、治安、特殊群体、卫生等领域，为社区居民提供服务。研究社会组织孵化具有现实意义和理论意义。

现实意义：孵化社区社会组织有助于可复制性社会工作服务模式的本土化发展，包括社会组织孵化的模式、服务形式、组织管理、组织运营建设等；有助于社区发展性建设，在社区特殊群体服务、社区安全服务、社区环境服务、社区文化服务、社区卫生服务过程中，社区社会组织提供人力、物力的支持，减少社区干部的工作负担；能利用社区社会组织内部动力，引导社区居民参与社区治理，激发社区居民服务社区的积极性，从而增强社区居民的归属感、认同感。

理论意义：运用发展性视角介入社区社会组织孵化层面，是一种创新的、有益的尝试，也将是整合资源、鼓励社区居民参与社区治理的一种发展趋势；发展性社会工作强调社会变迁、优势视角、增能、赋权等理论的运用，发展性视角介入社区社会组织孵化有助于这一理论的实际应用。

二、社区社会组织孵化现状

近年来全国各地将社会组织孵化基地建设列入社会组织培育管理重点，以“政府支持、专业团队管理、政府和公众监督、民间组织收益”为创建模式，通过资金、项目、人才、场所等多元化支持，大力推进社会组织孵化基地建设。国家政府大力倡导社会组织孵化，各地区根据不同的发展需求研究出自己的孵化模式，取得了一定的社会效益，积累了宝贵的实践经验。目前北京市有正式登记的社会组织 7 000 余家，以备案形式存在的社区社会组织近两万家，长期以来很多社会组织一直存在获取资源能力弱、自身治理能力偏弱等一系列问题。对社区社会组织这种“草根”组织的孵化还处于萌芽阶段，大部分社会组织孵化还停滞于只给予注册社会组织在经费、场地、注册、咨询、能力提升等方面的支持。

在北京市近两万备案的社区社会组织中，仅有不足10％的社区社会组织正式登记注册，多为文体活动类、生活服务类、志愿服务类等几种类型；全市社区社会组织专职人员主要由社区内退休人员组成（社区社会组织牵头人），其中党员可达到55％以上，党员占社区社会组织会员人数的30％以上；组织开展的服务性活动多为兴趣性、文体类的活动。社区社会组织发展速度较快、工作领域宽泛、服务的专业性不高是目前北京市社区社会组织的总体特征。

目前对于社区社会组织孵化的探讨还很少，在社会工作者服务社区结项后，谁来承接专业社工的角色、职位还尚不明确。有部分项目结项后，后续工作无人开展，社工直接撤离社区，导致社会工作者专业服务的延续性、可持续性无法体现。社区社会工作者行政性工作较多，无暇顾及社会工作专业服务。因此，孵化发展型社区社会组织来替代社会工作者的行政职能是社会发展的阶段性需求。

三、发展型社区社会组织建设与发展性社会工作

社区是社会的基本组成单元，社会的发展需要社区的发展。社区发展是一个过程，社区居民通过自己的努力建设与政府部门、社会公益组织等多方面的积极协作，致力于共同改善社区的经济、文化、生态环境，提升社区居民生活质量，从而在整体上提高社区的发展程度，推动社会的全面发展。

社区发展需要发展性社会工作的支持，在理论与实务工作相结合的基础上对发展型社区社会工作进行了初步探索，主要集中在以下三个层面：（1）在理论层面，发展性社会工作强调社会变迁、优势视角、增能、赋权等理论的运用，注重社区整合与可持续发展的结合，其直接目的是促进社区资源的整合；（2）在实务层面，发展性社会工作致力于社区服务对象在社区各个方面的融入，注重社区资源可持续发展的常态化、社区文化的建设，通过运用社区众筹的方式解决社区问题、增强居民对社区的认同和归属；（3）在实务操作技术层面，强调社区居民参与社区治理，重点是动员社区居民掌握发展性计划的社会工作实务技巧，主要是社区社会组织的孵化、社区社会组织领袖人物的培养，实现社区居民自助、互助，解决社区问题。

发展型社区社会组织是迎合社区发展，根据社区自身的发展需求成立运行的公益组织，由社区居民组成，其运行、管理、服务都直接由社区居民主导，强调运用社区居民参与式社区治理模式。发展型社区社会组织致力于运用自下而上的形式界定本社区的社区需求、整合社区资源、制订服务方案，采用自助和互助的方式服务社区居民。发展型社区社会组织的目的是增强社区居民的归属感和认同感，提升居民生活质量，促进社区居民的协调发展，建立和谐关怀型社区，促进和谐社会的建设。

四、孵化发展型社区社会组织的服务模式探析

在发展性社会工作理论探索的基础上，结合当前在昌平区霍营街道龙锦苑一区社区社会组织的“阳光少年——社区小卫士”实务工作，笔者从“个人—家庭—社区”三个层面出发，对发展型社区社会组织的服务模式进行了梳理和总结。

(一) 孵化发展型社区社会组织的基本情况

在开展社区社会组织“阳光少年——社区小卫士”孵化工作前夕，笔者对社区进行了初步了解：龙锦苑一区社区位于北京市昌平区回龙观霍营街道，736 户近 2 700 人，其中有儿童的年轻家庭约 380 户，经过社区走访，孩子们每天都过着两点一线的上学生活，周末也是整天待在家中，经摸底调查，约有 280 人专职在家照顾家庭和孩子，孩子的社区社交需求越来越强烈。居民之间存在着陌生感、距离感，但他们具有很强的社交愿望，渴望和周围的人建立关系，但是缺少一个合适的桥梁。

借此契机，笔者与社工服务团队于 2015 年 12 月在龙锦苑一区以儿童为核心服务对象，开始孵化本社区第一个社区社会组织——“阳光少年——社区小卫士”。该组织自 2016 年 1 月 20 日正式成立，由当初的十几个孩子发展到现如今的 150 余名学生，已经有 60%以上的社区儿童加入。在一年多的服务过程中，组织开展的多种服务影响到了社区内不同群体，小卫士服务的社区老人共有 45 户，亲子情感系列工作坊的服务对象有 80 余户，社区室外倡导性、公益性活动更是影响了整个社区的居民文化水平，“阳关少年——社区小卫士”共有 230 余户参与其中。如今，“社区小卫士”已经成为社区孩子的标志，活动效果得到了居民和家长的高度赞扬，依托线上 QQ 群、微信群和线下的家长会，家长们互相交流经验，提出建议，增进了邻里感情，促进了居民人际关系的发展。

“阳光少年——社区小卫士”社区社会组织的成立和发展，引起了广泛的社会反响，得到了北京农学院、北京师范大学育新学校回龙观分校、北京长城中医医院、天鸿宝地物业服务公司的大力支持，在活动中，北京长城中医医院对活动的组织给予了财力、物力的帮助，并对社区内其他居民提供免费体检的医疗服务；作为学生社区社会实践模范，“社区小卫士”受到育新学校师生广泛的传播，得到了学生、老师和其他社区居民的认可，在发展过程中，许多周边社区的儿童也参与进来，不仅增进了社区之间居民的情感，也促进了跨社区的人际关系交流和互动。

(二) 孵化发展型社区社会组织服务层次分析

在“个人—家庭—社区”发展型社会组织服务模式里，第一层次是个人层面，是发展型社会组织服务的基础层次，重点是个人社区需求的满足。这一层次的主要服务包括知识的普及、能力的建设、意识的提升等，在此基础上实现“助人自助”。第二层次是家庭层面，这一层面是发展型社会组织服务的支持性组成部分，重点是利用家庭链接社会资源，满足家庭的社区需求，使家庭参与到社区治理中。这一层面的主要服务集中在家庭关系的整合、亲子隔代教育、邻里互助等方面，从而实现社区内家庭与家庭之间的相互帮扶支持。第三层次是社区层面，这一层面主要强调以社区为本，社会工作者服务满足社区和社区居民的需求。这一层次的主要服务包括社区社会组织的孵化、社区领袖人物的培养、社区支持网络建设等，从而实现通过社区众筹解决社区问题。

目前，社会工作者的社区服务在个人层次方面尚存部分问题：（1）引导社区居民真正“参与进去”，而不是“进去参与”；（2）强调“参与了什么”，而忽视“为什么去参与”，也就是说，在行动中既缺乏专业理论和理念的引导，也缺少相关专业的技能和方法，难以维持效果的可持续性；（3）系统性和整体性略显不足。

因此在“阳光少年——社区小卫士”社区社会组织服务过程中，社会工作者本着“四位一体”的指导理念服务社区居民，即把“服务孩子，改变家长，影响家庭，回报社区”的理念一体化。

首先，孩子在成长发育的过程中，需要一个安全的环境让他们逐步走出家门，和别人建立关系，并在其中获得成长，社区就成了其最主要的“成长乐园”。而如今的城市社区，无法满足儿童在“游戏中成长”的需求，家长对孩子的这一需求也非常关注，因此，社工决定从孩子入手，改变社区之间的居民关系，以孩子为核心，把“服务孩子”放在首要位置。想要改变社区当前的整体面貌，增加居民之间的互动，仅靠孩子是不够的，家长是社区的主要成员，对社区内部结构起主要作用。

其次，家长是孩子的主要支持者，小学时期孩子的道德模式正处于“好孩子”定向阶段，家长的认可是孩子行为的标杆，所以，“改变家长”是发展型社区工作中期的重要任务。“影响家庭”的指导理念要求我们在活动的过程中，不但要促进居民之间的互动，还要增加夫妻、亲子之间的感情交流，促进家庭的和谐。

最后，“回报社区”指的是我们要把受助者变成助人者，孩子也是具有潜能的，我们要引导他们去关注社区需要解决的问题，去帮助需要帮助的人群，增强他们的社区主人翁意识，为社区的发展贡献自己的力量。

发展型社区社会组织的服务满足个人需求、家庭需求、社区需求后，通过上下贯通并相互发挥作用，从满足居民需求上升到居民参与社区治理，从而达到善治的目的。社区中的文化、教育、卫生、福利、环境都能实现可持续性发展，社区居民的服务意识、能力建设和生活质量都得以提升，社区居民的归属感和认同感得以增强，和谐稳定的社区氛围得以营造，“患难相恤，守望互助”的社区文化得以实现。

需要强调的是，在发展型社区社会组织中，“个人—家庭—社区”这三个层次内部存在相互递进的关系，但在社区社会组织中它们之间又不是独立的系统，彼此之间具有相互影响、相互促进、相互协调的关系。首先，个人、家庭是社区的组成部分，上下之间紧密联系、共同发挥作用，才能使社区进一步发展。其次，社区环境的改善又能使个人、家庭本身得以提升。最后，把个人、家庭、社区三者整合到一起相互串联，才能形成社区统一发展的完整体系，这需要一个完整的发展型社区社会组织作为载体把这三者紧密结合在一起。

五、发展型社区社会组织的发展阶段探究

一个完整的发展型社区社会组织能把社区、家庭、个人三者紧密地联系在一起，使得三者发挥其特殊的作用，从而实现“社区众筹，解决社区问题”的社区治理服务模式。孵化发展型社区社会组织“阳光少年——社区小卫士”可分为三个阶段：建立巩固关系阶段、发展成型阶段、自主运行及社工结案阶段。

第一阶段是社工入驻社区的初级阶段，是社会工作者、社区居民以及居民之间相互关系的破冰阶段，这一阶段的主要任务是打破活动参与者之间原有的冷漠状态，促进儿童之间、亲子之间和家庭之间的交流。在建立巩固关系阶段，笔者在社区举办了“趣味运动会”“社区大扫除”“母亲节亲子活动坊”“粽叶飘香慰问老人”等大型社区活动，这些活动具有趣味性、广泛性，以保障活动顺利开展。通过开展活动，社区居民在活动中体验到社会工作者开展的活动是有教育意义的，青少年的自主性和能动性得到了提高，在课余时间得到了充分的社区实践机会；通过丰富的小组活动，加强了“小卫士”及其家长之间的互动、情感交流；社会工作者以活动为载体与社区居民建立了良好的服务关系。

第二阶段是发展型社区社会组织发展成型阶段，这一阶段主要是开展发展型社区社会组织组织架构、规范化服务、奖惩机制等组织建设服务。在这一阶段，笔者通过陪伴式服务与组织内的领袖人物共同策划、组织、开展服务。“阳光少年——社区小卫士”志愿服务组织在社区内每两周组织开展一次“社区卫生大扫除”“争做文明宣传员”“社区交通我负责”等常规性、规范化社区活动；不定期

组织开展“少年歌咏比赛”“新春手工送喜字”“亲子关系户外拓展”“法律知识大讲堂”等兴趣类、关系拓展类活动；在发展型社区社会组织的基础上组建了诗词朗诵团队、文艺团队、治安团队。

同时，社区工作者成立了“小卫士家长团队”，建立家长志愿者微信群，并定期召开家长会议，负责“小卫士”活动的支持、传达、建议、反馈等工作，除此之外，微信群的建立也使家长们开始逐渐参与民主决策，对社区内其他日常事务尝试表达自己的意见和看法，虽然在一些决策中存在意见不同、互相争执的现象，但都对“小卫士”组织的发展和社区治理起到了建设性的作用。

发展型社区社会组织需要建立完善的奖惩机制，以激发社区居民参与社区治理的积极性和能动性。笔者在实务操作中针对“阳光少年——社区小卫士”社区社会组织建立了如下奖惩机制：以获得小星星的方式记录“小卫士”参加活动的次数，并及时进行社区公示，在年末的“小卫士”年度评选活动中，对获得小星星最多的几名“小卫士”给予嘉奖、表扬。随着活动的进行，家长、社区志愿者及其他社区居民纷纷加入，实现了组织建立及巩固的初步目标。

发展型社区社会组织需要社会组织的支持，这一过程需要社会工作者与社区居民共同链接社会资源，这就要求注重社区自助互助体系和社区支持网络的建设。对于社会资源匮乏或者关系羸弱的社区来说，社会工作者需要协助社区居民争取资源、消除影响生活和发展的不利因素，利用社区这个能动场恢复居民的信心和动力，挖掘居民的潜能，重新构建社会支持网络和互助体系。在此方面，我们链接了北京师范大学育新学校回龙观分校、北京长城中医医院、天鸿宝地物业服务公司，并获得了大力支持。在活动中，北京长城中医医院对活动的组织给予了财力、物力的帮助，并对社区内其他居民提供免费体检的医疗服务；作为学生社区社会实践模范，社区“小卫士”受到育新学校广大师生的热烈欢迎，得到了学生、老师和其他社区居民的认可。

第三阶段是发展型社区社会组织自主运行及社工结案阶段。社会工作者服务社区最终的目标是社区能够自主、规范化地治理社区，独立自主地“运用社区众筹，解决社区问题”的社区治理模式。社区发展是一种过程，是社区居民通过自己的努力，在与政府部门、社会福利服务机构的积极配合下，共同改善社区经济、文化、生态环境等，从整体上提高社区的发育程度，推动社会的发展。同时这一阶段社会工作者在结案以后不是彻底地撤离社区，而是以督导的身份陪伴组织共同治理社区。

六、思考

发展型社区社会组织的孵化需要专业的社会工作者来助力社区，在专业社会工作者助力社区发展中，还存在一些操作性问题。在孵化“阳光少年——社区小卫士”社区社会组织的过程中，笔者就以下几点可预见性问题进行了分析和总结。

首先，社区外部社工专家团队入驻社区，最先解决的问题是“社会工作机构和外来社会工作者占主导地位还是社区居委会占主导地位?”在这一问题上，首先需要明确的是双方的角色和地位，社会工作机构和外来社会工作者有着丰富的社会工作理论和经验，有着政府活动资金，对活动的发展方向有着明确的目标，是重要的指导者和支持者。社区居委会工作人员了解社区居民的基本情况，和社区居民有着直接的沟通渠道，是社区意志的体现，是居民需求的集中表达。社区工作的目标是促进社区内部居民关系的发展，促进社区自身的和谐发展，所以，社区居委会担任居民意愿传达者的身份决定了他们在活动策划中的主导地位。但是在社会工作者入驻社区的具体实践环境中，不应刻意强调和居委会之间的地位问题，而是要本着协作、沟通的原则进行合作。在活动需求和活动问题界定中，建议采取“地区发展模式”和“社区计划模式”，把广大社区居民纳入活动设置体系，发挥居民的能动性，推动社区成员的参与和互助合作，改善沟通和合作的渠道，更好地运用地区资源，解决现存的社区问题，在问题走向焦灼的时候，社会工作者及机构专家给予帮助和指导。

其次，在社区活动设置中，存在的一个重要问题是缺乏灵活性、针对性，即活动的目的性不强。如果没有既定的活动期望和目标，活动的整体结构就会呈现出分散性，就会成为各环节简单的活动堆积。因此，在社区“小卫士”活动设置中，制定活动环节要紧扣活动指导理念，不能脱离改变社区整体面貌和改善社区居民关系结构的目标走向。在活动中，孩子是首要服务对象，我们在充分调动孩子活动积极性的同时，要注重多方参与，这就要求策划人员用全局的眼光看问题，不能只局限于“孩子”这一服务群体，而是要扩大活动影响范围。例如，在“端午节包粽子慰问老人”的活动中，我们发动了社区成人志愿者，社区成人志愿者作为包粽子的老师，和“小卫士”们共同合作，既增加了活动包粽子的效率，也促进了两个组织中人群之间关系的改善，当“小卫士”把粽子送给社区中的老人，又增进了孩子和老年人之间的情感交流。此外，在活动中要注重“资金分配”，合理利用有限的资金，而非把所有的财力物力都直接用于服务对象。社会工作者拥有自己的工作方法和工作内容，和民政部门工作中给老百姓“发米”“发面”有着本质区别。在活动中，社会工作者要注意方法和技巧，促进服务对象潜能的挖掘，增加服务对象自己解决问题的能力，而不是直接给予其物质帮助。例如，在常见的手工制作活动中，工作者不仅要关注每个服务对象在活动中的直观手工成果，更要关注通过本次手工活动，服务对象之间的关系是否改善，团队的凝聚力是否增强。

最后，作为社区工作者，面对数量较多的服务对象，要做好资源链接。龙锦苑一区作为霍营街道试点社区之一，成功链接了多方资源。社区之外，得到了北京师范大学育新学校回龙观分校、北京长城中医医院、天鸿宝地物业服务公司的大力支持和赞助；社区内部，与社区中“京北丽人志愿者”“老年服务队”“老年合唱团”“孝老爱亲服务队”等内部组织建立了平等互助的合作关系。在组织成立开幕式、“小卫士”做年终总结、“小卫士”颂中华经典等活动中，“老年合唱团”在开场、场中、退场环节起到了重要的作用；在“粽叶飘香、慰问老人”的活动中，“孝老爱亲服务队”以老师的身份，与“小卫士”一起包粽子，一起慰问老人；在社区户外活动中，“老年服务队”“京北丽人志愿者”等社区内部组织与“小卫士团队”携手服务社区，彼此建立了深厚的友谊。

大兴区“四有”工作机制的探索与实践

付　峥　朱明铮　成玉庆

大兴区委社会工委

中共中央、国务院印发的《关于全面深化农村改革加快推进农业现代化的若干意见》和《国家新型城镇化规划（2014—2020年）》都指出了农村城镇化的问题，同时也点明了人的城镇化问题。推进新型城镇化已被看作事关中国现代化发展全局的重大战略问题，这意味着会有越来越多的农村人口向城镇转移，经过市民化的途径变为新的城市居民。大兴区作为首都南部城市发展新区，在建设发展亦庄新城、大兴新城、北京新航城，加快转变经济发展方式，实现超常规、高水平、跨越式发展的过程中，同样面对着农民市民化的问题。在城市化进程中，在保障搬迁农民长远利益方面，大兴区率先创造性地提出了“安置就业有岗位、经营增收有资产、稳定生活有保障、服务管理有组织”的“四有”工作思路。经过7年多的实践，已形成了较为完善的工作体系，取得了良好效果。就当代中国社会而言，大兴区的这些经验和做法，在探寻农民市民化路径，规避潜在风险、减少发展成本，顺利推进农村城市化、新市镇建设以及城乡规划的顺利实施等方面都具有重大的理论与现实意义。

一、“四有”工作机制产生的背景

近年来，大兴区正处在大建设、大发展时期，区委区政府紧密围绕市委市政府城南行动计划、城乡接合部重点地区建设、新区发展等战略部署，加快推进城市化进程，不断加大搬迁村改造力度，由此，大兴区呈现出“三多一广”的特点。“三多”是项目多、工程多、搬迁村多，“一广”是涉及的面比较广。2010年，全区搬迁工作涉及亦庄、旧宫、瀛海、西红门、黄村、北臧村、庞各庄、榆垡、采育 9 个镇，共有 121 个村、3.6 万户、9.3 万人。2010 年，为安置好 10 万搬迁村农民，保障搬迁村民长远利益，区委区政府在深入调研的基础上，出台了《关于建立搬迁村民长远利益保障机制的意见》，率先提出了“安置就业有岗位、经营增收有资产、稳定生活有保障、服务管理有组织”的“四有”工作机制。

二、“四有”工作机制的内涵

“四有”工作的工作目标是：全面加强社会建设，创新服务管理模式，建立较完善的保障搬迁村农民长远利益的工作机制，确保在城市化进程中实现劳动力充分就业，集体资产保值增效，社会保障城乡一体化，服务管理全面覆盖，搬迁村农民成为新区新市民。

“四有”工作机制是大兴区社会服务管理工作的创新。第一，有岗位是关键。对于搬迁农民来说，即便得到再多的补偿款，也有用完的时候，有了稳定的工作就意味着有了稳定的收入，所以有岗位对搬迁村民的长远利益和社会稳定都起到了关键性的作用。第二，有资产是基础。有资产是搬迁村民生存发展的经济基础，通过拓宽集体资产经营途径，引导村民科学理财，不断增加集体和个人资产收益。第三，有保障是根本。对于农民来说，土地是命根子，失去了土地以后，他们最关心的就是养老和医疗等保障问题，解决了这些问题才能消除他们的后顾之忧，才能更加安心，有保障是搬迁村民稳定生活的根本性措施。第四，有组织是保证。搬迁是一个复杂的系统工程，涉及方方面面的工作，牵一发而动全身。有组织贯穿了搬迁期和过渡期以及回迁期的整个过程，如果没有良好的组织服务管理，搬迁、回迁等一系列工作就无法顺利运行。总体来说，“四有”工作是相辅相成、不可分割的有机整体，构成了较为全面的保障搬迁村民长远利益的工作机制。

三、“四有”工作机制的主要举措

“四有”工作机制中，“有岗位”是关键，“有资产”是基础，“有保障”是根本，“有组织”是保证，“四有”是一个相辅相成、不可分割的有机整体。

（一）强化政策、搭建平台，确保安置就业有岗位

截至 2016 年底，全区搬迁村有就业意愿的劳动力实现就业 5.67 万人，就业

率 94.8%，其中有就业意愿“4050”人员就业率 99.6%，就业形势相对平稳。具体做法如下：

1. 建立全方位的就业服务体系

（1）成立就业服务机构。区、镇、村三级增设就业服务机构，壮大服务队伍。

（2）建立健全就业服务制度。一是建立了大兴区城乡劳动力职业技能实训基地。二是建立企业用工和劳动力需求双向调查制度，做到“随空随补”。三是定期举办招聘会，根据企业需求组织开展搬迁村、开发区企业、就业困难人员等专场招聘活动。四是组织开展“两走进、三下乡”活动，各镇积极邀请亦庄开发区人社局到镇内指导交流，组织搬迁村劳动力到开发区参观学习。

2. 建立强有力的政策支撑体系

大兴区出台了《关于印发进一步加强绿色就业工作意见的通知》和《关于促进绿色就业资金奖励暂行办法的通知》，扩大了环境综合治理、民俗旅游等绿色就业规模；制定了《关于促进新区劳动力就业融合工作机制》，促进城乡劳动力到亦庄开发区就业；开发区人社局制定了《就业直通车补贴办法》；涉及搬迁的镇均出台了劳动力就业岗位补贴、社会保险补贴和创业奖励等政策；对自主创业人员出台了贷款贴息奖励政策。以新机场所在区域为例，2014 年，为促进榆垡镇、礼贤镇机场建设地区劳动力实现就业，大兴区出台了《用人单位招用机场建设地区劳动力岗位补贴和社会保险补贴管理办法》，自 2014 年 5 月 1 日起，用人单位招用榆垡镇、礼贤镇户籍登记失业人员，可享受 1.5 万～1.7 万元的岗位补贴和社会保险补贴。2016 年两镇与各镇街职介部门、亦庄开发区建立招聘对接机制，组织劳动力参加各类招聘会 20 余场，实现就业 1 032 人；发放各类岗位信息 6 万余条，提供就业指导 430 余人次。

3. 建立多元化的就业安置体系

根据北京市人民政府令第 148 号《北京市建设征地补偿安置办法》，“转非劳动力的就业应当坚持征地单位优先招用、劳动者自主择业、政府促进就业的方针”，结合大兴区实际，创建了七种就业模式，促进搬迁村劳动力充分就业。（1）本地企业“腾”岗位。结合岗位需求、求职者意愿及相关政策等，协调本地企业腾退后勤、管理、高技能等岗位，促进劳动力实现就地、就近就业。（2）公益性组织“买”岗位。各级政府出资开发公益性岗位及辖区内机关、事业单位的后勤岗位，优先安置本地劳动力。针对搬迁村劳动力提供 5 000 余个公益性岗位，每年市、区、镇三级财政投入近 2 亿元。（3）开发区企业“要”岗位。发挥两区深度融合的优势，充分利用政策，加强与开发区企业的沟通，开发就业更多岗位，促进劳动力到开发区就业。（4）自主创业“带”岗位。充分利用创业政策，加大创业培训力度，鼓励各类群体实现自主创业；结合区域旅游、项目建设等，将区域内针对村民及用工单位服务的创业资源，提供给本地区劳动力，发挥带动就业作用。（5）区外企业“找”岗位。发挥区位优势，引导搬迁村民到区外企业就业。到区外企业就业的主要是年轻劳动力，为了鼓励劳动力到区外企业就业，2009 年区级出台了交通补贴政策，即六环以南的劳动力在六环以北实现就业的，每人每月给予 100 元交通补贴；地铁 4 号线、亦庄线的开通，也大大促进了劳动力到区外企业就业。（6）灵活就业“创”岗位。引导和扶持搬迁村民建立针对社区居（村）民服务的自管组织，创造就业岗位；因照顾家庭不能外出就业的人群，通过从事家庭手工业和看护老幼病残等形式实现就业。（7）一产就业“留”岗位。鼓励有条件的镇、村、企业，通过政策扶持，保留原有的生产方式不变，实现劳动力向农业产业工人的转变；结合当地旅游、观光、采摘等优势，引导农民规范经营；结合平原造林和镇级公园建设，积极推进绿色就业。

4. 建立较完善的监督考核体系

建立了区对镇、镇对村两级就业工作考核体系，明确工作任务。各镇对村级就业服务站建立了绩效考核制度。

（二）推进改革、拓宽渠道，确保经营增收有资产

1. 加快农村产权制度改革步伐

产权制度改革把属于农民的集体资产量化到每个人，做到“资产变股权，农民当股东”，农民们有了稳定的股金收入；同时，集体经济也得到了可持续发展。截至目前，149 个搬迁村均已完成资产处置及产权制度改革。2016 年底，全区搬迁村中 123 个村有分红，年终分红总额 7.94 亿元，人均分红 9 373 元。其中，人均分红最高的村为黄村镇佟场村，年人均分红 2.8 万元。自 2011 年至 2016 年，通过产权制度改革资产量化，搬迁村集体总资产由 91.36 亿元跃升至 147.54 亿元。

2. 拓宽经营方式，确保集体资产有收益

为进一步巩固产权制度改革成果，大兴区探索创新了六种集体资产经营方式，实现了集体资产保值增值，有效增加了农民的财产性收入。一是集中理财模式。集中搬迁村集体资金，采取委托银行监管的形式，借贷给区内重点企业，增加集体收入。2016 年，各镇用于集中理财资金共计 82.11 亿元，年收益 5.62 亿元。二是留地安置模式。在货币补偿之外，为搬迁村预留部分集体建设用地或商

业设施，增加搬迁村村民资产性收益。三是购买底商模式。利用集体资金购买底商，资金变资产，实现集体资金保值增值。四是产业经营模式。利用集体建设用地建设产业设施，拓宽集体经营渠道，发展二、三产业，增加集体收益。五是联村入股模式。集中搬迁村集体资金，采取股份制形式，参与产业开发与建设，增加集体收益。六是管理挖潜模式。通过清理五小企业，调整合同，提高租金，完善村集体资产、资金、资源等“三资”管理，增加集体收入。

3. 拓宽家庭资产收益渠道，推行富余回迁房委托代理机制

为进一步巩固产权制度改革成果，应不断加强集体资产经营的研究和探索。实践中积极引导已改制村社，围绕“资源变资金、资金变资产、资产变效益”，探索创新了六种集体资产经营方式，实现集体资产保值增值，有效增加了农民财产性收入。例如，庞各庄镇成立房屋租赁公司，集中托管村民富余回迁房。目前已托管房源 219 套，年增收 400 万余元。

4. 加快农地流转工作步伐

大兴区出台了《关于促进搬迁村土地承包经营权流转的实施意见》。通过考察学习、深入调研等形式，结合实际，总结归纳出了四种创新经营模式。一是高效园区模式。如榆垡镇将 8 765 亩农地委托村集体统一流转给镇经营公司，地上物补偿 4 000 元/亩及农地流转费 1 550 元/年·亩，围绕本镇西瓜特色主导产业，打造精品农业基地，建设高效农业园设施。二是休闲体验模式。如魏善庄镇王各庄村将确权农地 950 亩统一流转给北京绿源艺景农业发展有限公司进行园区整体开发经营，在园区中特别开辟 220 亩地，为市民提供休闲体验园。三是土地入股模式。如安定镇兴安营村引入北京市兴安营蔬菜产销专业合作社，合作社对确权农户原建地上物保护地发放保底收益，农民成为产业工人，可另外获取工资收入。四是农业项目带动模式。如采育镇通过实施农业重点项目实现农地流转。

（三）落实政策，改善民生，确保稳定生活有保障

1. 全面落实保障政策

截至 2016 年底，已实现搬迁村劳动力城乡居民养老保险续保率 96%；搬迁村村民新型农村合作医疗参合率 100%；搬迁后，基本消除了低保、教育等救助群体，其他救助群体均实现应保尽保。

2. 征地转非安置稳步推进

转非安置工作是加快城市化进程、推进城乡一体化的客观要求，也是保障被征地村民长远利益、维护社会稳定的重要内容。转非安置工作以四有办为牵头部

门，涉及的主要部门有区社会办、人保局、医保局、民政局、国土分局、公安分局、信访办、经管站、公证处等共 9 家单位。各部门之间密切配合，各司其职，组织推进转非安置工作，工作中强化各部门之间的沟通协作，做好工作衔接，形成工作合力，及时研究解决转非安置工作中遇到的各类问题，认真做好转非人员的社会保障工作，充分调动了被征地村民的转非积极性。

3. 有序推进回迁安置

参照商品房的标准，高质量建设回迁房，建立回迁房及配套公建监管机制，做好回迁房整体的选址、设计、建设等相关工作。关注社区办公用房、卫生服务站、菜市场、物业用房、老年活动站、学校等场所的规划、调配，确保配套公建设施与回迁房建设同步规划、同步施工、同步交付使用。截至 2016 年底，149 个搬迁村中已回迁 121 个村，3.76 万户，9.8 万人，回迁率 84.3%，建立了 52 个回迁社区。

（四）完善体系，创新模式，确保服务管理有组织

1. 确保各时期组织设置健全

区委研究出台了《关于在推进城乡一体化发展中加强搬迁村党建工作的意见》，保持原村党组织、村委会、村集体经济组织设置不变，明确搬迁各时期组织设置形式及职责。（1）搬迁期：村级党组织、群众自治组织、集体经济组织设置保持不变。充分发挥村两委班子成员和党员的先锋模范带头作用，确保搬迁进度，切实维护好搬迁村民长远利益。（2）搬迁及过渡期：村级党组织、群众自治组织、集体经济组织设置保持不变。通过就近租赁、联合办公等形式，建立专门的办公场所和党员活动场所，面积不低于 90 平方米。设立群众需求服务站、矛盾调处站、就业指导站等工作站，搭建党组织服务群众平台。确保“组织不散、活动不断、作用不减”，充分满足搬迁村民的利益诉求。（3）回迁期：回迁社区成立社区党支部、社区居委会、社区服务站等服务管理机构，标准化配备社区办公服务用房，面积不低于 350 平方米。这个时期的主要任务是及时成立社区党组织、居委会（筹备组），做好工作对接，实现农村向社区的平稳过渡。

2. 创新服务管理模式

不断创新工作模式，搬迁期实行党员干部“四带头”模式；搬迁及过渡期实行“1106”党员联户模式、“3211”服务模式、“1116”活动模式；回迁期实行网络化联系党员、群众模式，“2＋1＋N”党组织联系群众等服务管理模式，强化

对搬迁村民服务管理，实现了联系群众网络化、走访慰问常态化、服务群众经常化。

（五）创建“六心”家园，规范化治理回迁社区

针对社区规范化建设，大兴区提出以“聚心、舒心、安心、称心、怡心、暖心”为内容的回迁社区“六心”家园创建工作：组织建设全面覆盖，建设居民的聚心家园；公共服务设施齐全，建设居民的舒心家园；安全治理井然有序，建设居民的安心家园；社区服务优质规范，建设居民的称心家园；文化活动丰富多彩，建设居民的怡心家园；着眼居民利益诉求，建设居民的暖心家园。

1. “聚心”

“聚心”是指组织建设全面覆盖，建设居民的聚心家园。主要包括完善社区各类组织设置、建立工作制度、促进社区共驻共建等内容。（1）完善社区党组织设置。根据回迁实际，成立社区党组织，统筹管理回迁社区的各项工作事务，使党组织成为社区建设的坚强领导核心。建立社区党组织领导下的社区党支部（小组）、回迁村党支部（小组）、物业党支部（小组）、流动人员党支部（小组）、企业党支部（小组）及社会组织党支部（小组）等“1＋N”的领导体制。撤销村建制前，实行搬迁村党支部和社区党支部双轨运行的模式。例如，瀛海镇成立了南海家园社区党委（镇长担任社区党委书记），领导社区党支部、居委会开展工作。社区党委内设3个职能科室（综合服务中心、文体活动中心、社区办），统筹协调社区工作。下设10个回迁社区党支部和1个物业公司党支部，按照楼宇分布成立党小组。形成了“社区党委—社区党支部—楼宇党小组—党员”的组织管理服务体系。同时，保留原村党支部，由镇党委负责管理。（2）理顺社区治理体系。明确村级股份经济组织上位监督管理模式，做好村集体资产的经营管理；村委会要认真履行职责，做好搬迁村民的后续安置工作；及时成立社区筹备组，监管物业服务、健全体制机制、理顺社区各项服务管理事项，待条件成熟后，引导筹备组顺利过渡到社区居委会；根据工作实际适时成立业主委员会。（3）健全管理工作制度。建立社区党组织牵头议事协商机制，对涉及居民利益的事项，及时召开党员会、居民代表会、民情恳谈会等加以解决。规范完善社区党组织、社区居委会、社区服务站、物业管理、出租房屋管理等各项工作制度。（4）促进社区共驻共建。鼓励企业与社区结对共建，引导协调社区周边的学校、医院等企事业单位参与社区建设，整合资源服务社区居民。

2. “舒心”

“舒心”是指公共服务设施齐全，建设居民的舒心家园。主要包括严格落实社区配套公建各项指标，加强社区队伍建设、物业管理等软环境建设，推行网格化管理等。(1) 规范硬件设施配备。按照北京市社区规范化建设的要求，严格落实公共配建各项指标，建立“一站式”社区服务中心（社区服务站），规范“一刻钟便民服务网点”，建设文化体育设施，设置再生资源回收站点；根据社区人员居住结构，合理规划公共服务设施；加强公共设施的建设与维护。切实保障回迁社区各项基础工作扎实到位，整体环境上档次、舒民心。(2) 加强软环境建设。在完善硬件建设的基础上，着重加强社区软环境建设，实现多部门“一体化”运作、信息资源“一网内”共享、管理服务“一站式”提供。(3) 推行网格化管理。及时接入网格服务管理系统，细化、完善网格管理制度，明确服务管理内容及网格管理员的职责范围，全面掌握网格人、地、物、事、组织的基本情况，做到网格事项下沉、运行机制规范、监督履职到位。(4) 加大物业管理力度。引入具有一定资质的物业管理公司，按标准开展社区环境建设、矛盾调解、公共设施维护等物业管理服务。

3. “安心”

“安心”是指安全治理井然有序，建设居民的安心家园。主要包括建立完善的安全防范机制、人防技防措施，做好地下空间重点部位的安全检查。(1) 建立安全防范机制。一是加大安全防范知识宣传力度，对居民开展安全教育活动，发挥宣传导向作用，增强居民的自我防范意识。二是建立安全风险防控机制，重点查处社区安全隐患，建立安全动态台账，对人员密集的场所、消防设施设备、公共基础设施定期检查与维护。三是建立安全隐患消除奖励机制，对提供有效信息与帮助的居民，给予适当精神和物质奖励。四是建立安全防范处置工作预案，有效处理社区突发安全事故。(2) 人防技防措施到位。根据回迁社区实际，加大安全投入，一是健全安防技防系统。完善技防设施，打造综合防控管理平台；在主干道及周边人员密集场所安装监控设备，实现全天候全方位防控管理，保障社区安全稳定、无事故。二是打造专兼职社区安防队伍。根据常住人口比率，按要求配备社区专职安保力量；充分调动社区志愿者力量，组织社区安全志愿巡防队，维护社区安全秩序，保障居民生命财产安全。(3) 抓好重点部位监管。做好地下空间的安全管理及居民紧急避难场所的建设，按照相关规定建立居委会定期检查及辖区居民举报制度，确保其公众场所安全使用。加大对社区商业设施安全（包括食品安全）及出租房屋的监督检查力度。在治安防范重点部位安装报警设施，保障回迁居民生命安全。

4. “称心”

“称心”是指社区服务优质规范，建设居民的称心家园。主要包括社区的公共、公益等服务实现常态化，全面推进“一刻钟社区服务圈”建设等。（1）基本公共服务实现全覆盖。以社区基本公共服务目录“1060180”为指导，在完成规范性项目的基础上，结合回迁社区实际，开展居民亟须的公共服务，逐步完善公共服务项目。（2）社区公益服务常态化开展。积极培育公益类志愿类服务组织，通过购买服务、项目补贴、结对帮扶、邻里互助、“社工＋义工”等方式，引导社会组织和居民参与社会救助、慈善公益、优抚助残、敬老扶幼、治安巡逻、环境保护、社区矫正、心理咨询、法律援助等公益服务。（3）社区商业服务大力推进。围绕社区居民基本生活需要，全面推进“一刻钟社区服务圈”建设。

5. “怡心”

“怡心”是指文化活动丰富多彩，建设居民的怡心家园。主要包括开展社区内文化教育，创建文化团队，丰富居民业余生活，增强回迁社区的凝聚力和活力。（1）强化教育引导。注重精神文明建设，提倡绿色低碳生活，培养居民良好的风俗习惯，要通过全方位多渠道的宣传教育，引导搬迁村民“思想上楼”，实现回迁居民向新市民的转变。（2）创建和谐氛围。整合资源，充分利用社区图书室、数字影院、文化广场等设施，发挥社区文化教育功能，以社区文化节、家庭才艺展示、邻里节等活动为契机，促进社区和谐氛围的形成。（3）组建文体团队。积极开展居民喜闻乐见的各项文体活动，鼓励社区秧歌队、歌舞队、书画班等各种趣味文体组织的发展。引进专业人才，加大对社区文艺体育骨干的培养力度，促进社区文化体育活动的蓬勃开展。（4）培育特色品牌。深入挖掘搬迁村优秀的传统文化，结合新型社区资源，集思广益开展多种特色创建活动，充分调动居民热情，以居民需求为导向，创建社区品牌项目，增强回迁社区的凝聚力和活力。

6. “暖心”

“暖心”是指着眼居民利益诉求，建设居民的暖心家园。主要包括强化居民自治，畅通居民利益诉求渠道，加强对空巢老人、未成年儿童、育龄妇女、残疾人、矫正人员、流动人口等特殊群体的服务。（1）强化居民自治。加强党组织领导下社区民主自治建设，明确自治内容，让居民成为社区管理的推动者，社区工作的监督者，社区服务的受益者。（2）畅通居民利益诉求渠道。建立社区居民恳谈室，依托大兴社会服务网与手机客户端设立热线及 QQ 群等方式，畅通居民的诉求渠道，对于居民反映的问题，及时给予妥善解决。（3）加强对特殊人群的服务管理。建立社区困难人群帮扶机制，摸清底数建立特殊人群动态管理工作台账。对社区内空巢老人、未成年儿童、育龄妇女、残疾人等特殊群体开展有针对性的服务。

（六）推行村居对接工作，理顺社区管理体制

村居对接是指将回迁社区管理权由镇移交至所在辖区街道办事处，避免镇街之间交叉管理、重复管理，有利于节约资源、提升效率，更好地为居民服务。2013 年启动村居对接工作以来，按照“试点先行，成熟一个推进一个”的原则，建立了村居对接长效机制，逐步将符合条件的回迁社区管理权从镇政府移交到所在辖区街道办事处。截至 2016 年底，已将 11 个回迁社区的管理权移交至所在辖区街道（见图 1）。

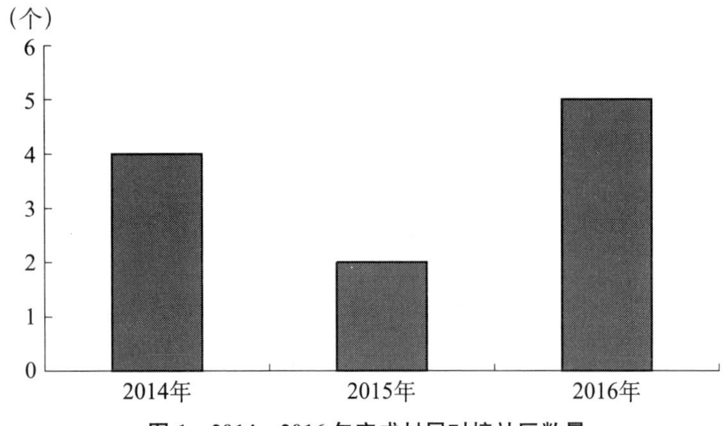

图 1　2014—2016 年完成村居对接社区数量

（七）建立健全大兴区建设征地补偿安置信息服务网

为满足搬迁村信息管理的需要，2015 年开发建设了大兴区建设征地补偿安置信息服务网，服务网包括镇村情况、人员信息、资产经营、组织建设、回迁安置、就业与参保、征地项目、征地补偿款、转非安置、土地状况等 10 余类基础信息，具有征地信息统计、征地补偿款管理、转非安置费用测算、回迁社区管理等功能，提升了搬迁村的信息化管理水平，提高了服务村民的效率，便于全面掌

握搬迁村的人、地、物、事、组织等全面情况，实现了“互联网＋四有”工作新模式。服务网的建成为规范全区征地补偿安置工作提供了技术支撑，为更好地服务搬迁村民搭建了平台，为区、镇两级政府决策提供了依据。

四、“四有”工作的成就及影响

经过多年的实践，“四有”工作体系逐步健全，搬迁村有就业意愿劳动力实现充分就业，集体资产经营收益稳步增长，搬迁村民社会保障水平逐步提高，服务管理工作不断创新完善，搬迁村民综合素质全面提升，回迁社区治理更加规范有序。

（一）就业相对平稳

搬迁村就业工作基本形成了强有力的政策支撑体系、完善的就业服务体系、多元化的就业安置体系和全方位的监督考核体系；形成了以本地企业就业为主，公益岗位就业、开发区就业、自主创业、区外企业就业、灵活就业和一产就业为辅的就业格局（见图 2）。

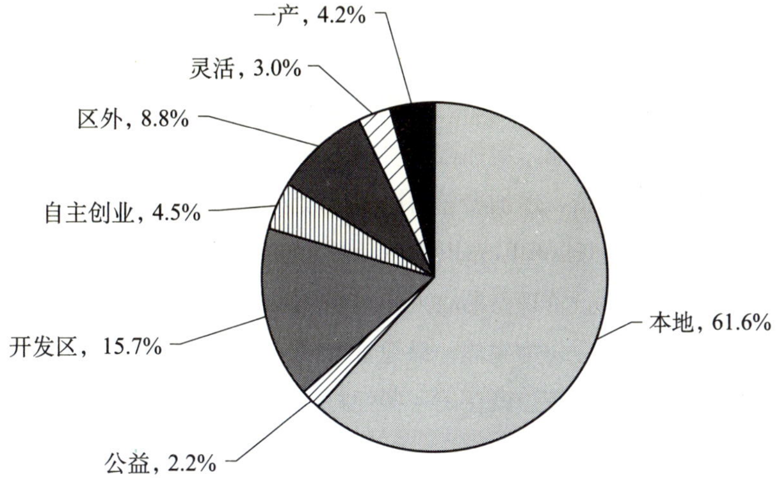

图 2　搬迁村劳动力就业方向

（二）资产经营持续增收

1. 集体资产经营收益逐年提高

一是通过产权制度改革量化资产，组建新型集体经济组织，提高集体经济收益。二是通过成立集体资产管理公司等方式，结合集中理财、留地安置、购买底商、产业经营、联村入股、管理挖潜等 6 种集体资产经营模式，实现集体资产保值增值。搬迁村集体资产经营年收益由 2011 年的 1.85 亿元增长至 2016 年的 7.35 亿元，累计收益 37.11 亿元（见图 3）。

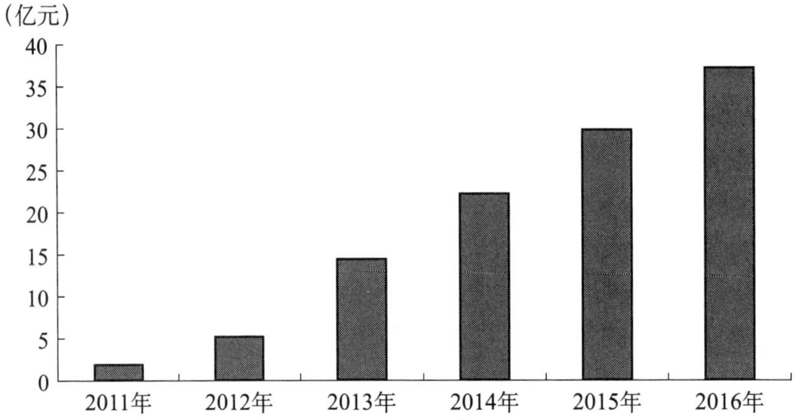

图 3　集体资产累计收益

2. 个人及家庭收益稳步提高

一是通过实行产权制度改革，属于农民的集体资产量化到每个人，做到“资产变股权，农民当股东”，农民有了稳定的股金收入。2016 年，搬迁村年终分红总额 7.94 亿元，集体经济组织成员人均分红 9 373 元。二是通过对搬迁村民教育引导，鼓励多种形式就业，增加搬迁村民工资性收入。三是通过流转搬迁村剩余农地，用于规模化经营，增加搬迁村民租金收入，每年每亩可获得农地流转费 2 000～2 500 元。四是开展理财知识培训，引导搬迁村民合理规划手中资金，增加搬迁村民个人及家庭投资理财的收入。五是以政府为主导，以镇属资产管理公司、社区服务站、物业公司为主体，搭建富余回迁房委托代理平台，对搬迁村富余回迁房统一实行集中代管。既保障了搬迁村民长期稳定的收益，又加强了社区管理。

3. 创新经营方式收益明显提高

借助不同区域的功能优势、资金优势、区位优势、产业优势等，因地制宜探索多种资产经营模式，确保集体资产有收益。搬迁村投资经营方式由单村、联村发展逐步向组团式、片区式发展，增强了集体资金实力，降低了投资风险，提高了项目遴选审查标准，提升了搬迁村集体资产经营收益率。如旧宫镇庑殿二村，原村集体靠集中理财获得利息收益为村民分红，通过镇区规划调整，将旧宫镇庑殿一、庑殿二、庑殿三、南场一、南场二等 5 个村纳入庑殿片区统一规划，充分利用一道绿隔产业发展政策，争取到 195 亩集体建设用地指标。利用亦庄配套区、紧邻市区的区位优势，积极创新农村集体建设用地经营新模式，规划建设“世界之花”项目，该项目年租金达 5 000 万元，既解决了庑殿片区 5 个村搬迁村民长远利益，提高了村民收益，让群众分享更多的城乡发展成果，又推动了集体建设用地合理参与城镇化建设。

（三）社会保障水平大幅提高

149 个搬迁村中已完成 108 个村整建制转非，涉及亦庄、瀛海、黄村、北臧村、榆垡、礼贤、庞各庄、旧宫等 8 个镇，6.94 万搬迁村民纳入了社会保障体系，实现新型农村合作医疗参合率、城乡居民养老保险续保率、各类救助群体社会保障覆盖率 3 个 100%，让群众“壮有所用、病有所医、老有所养”。

（四）服务管理模式不断创新

搬迁村组织建设得到了较好的巩固和发展，各项规章制度齐全，管理体制架构健全，确保服务管理“组织不散、活动不断、作用不减”。

1. 社区管理模式多元化

一是“村转社区”，即村庄整体搬迁，村民全部转居，完成产权制度改革和撤村转制的村建立的社区。原村经济组织成员中的党员关系在经济组织，发挥作用在社区，对党员实行双重管理；成立党组织，统领社区事务，成立社区居委会，为居民服务（见图 4）。

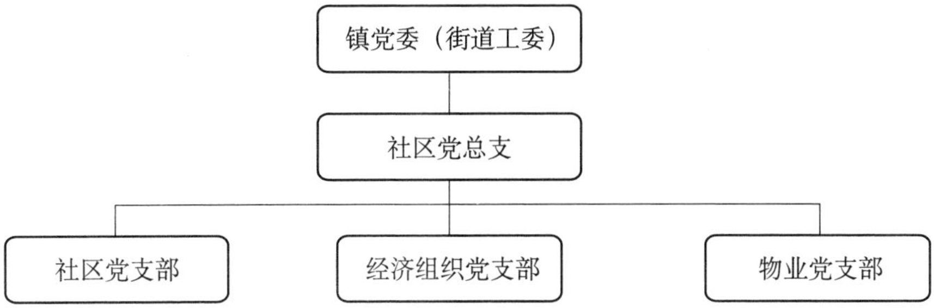

图 4　“村转社区”模式

二是“村居并行社区”，即村庄整体搬迁，村民回迁进入社区，但没有转居，土地没有完全征占，原有村级组织设置不变，同时在回迁小区成立社区组织。原村党组织负责原村党员教育管理、经营集体资产等工作；新成立的社区党组织负责社区党员管理，成立社区居委会，为居民服务（见图 5）。

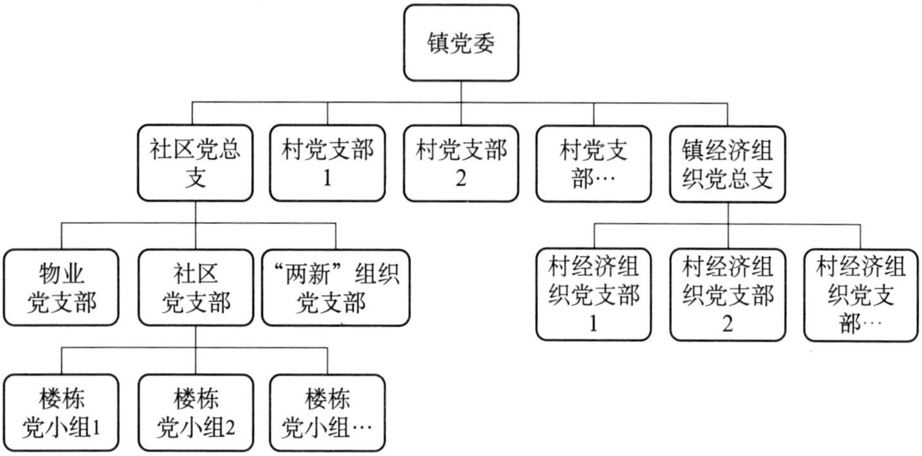

图 5　“村居并行”模式

三是“农村社区”，即一些小城镇地区或农村地区进行镇区改造和新农村建设，实行村庄整体搬迁上楼，但农民身份不变，土地被集体流转，只是居住形态发生变化。保留各村党支部，采取村党支部管理若干楼栋党小组的运行模式（见图 6）。

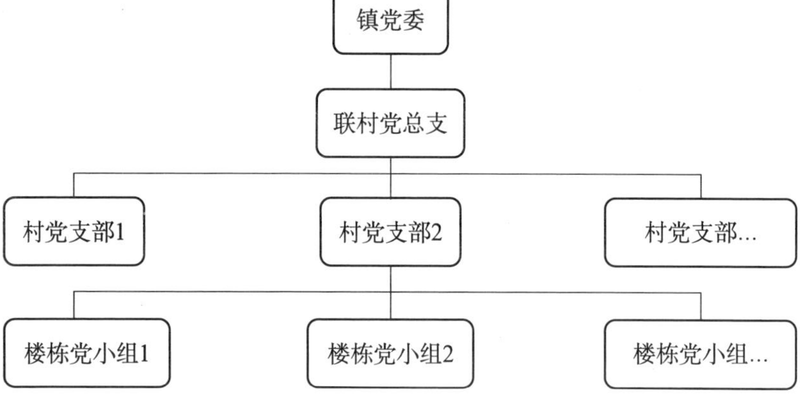

图 6　“农村社区化”模式

2. 服务管理模式多样化

针对搬迁各时期出现的新情况、新问题，充分发挥党组织领导核心作用和党员先锋模范作用，不断创新服务管理模式（见表1）。

表1 搬迁不同时期创建的服务管理模式

创建时期	名称	含义
搬迁期	党员干部“四带头”模式	带头宣传，带头做好思想工作，带头搬迁，带头创业就业。
搬迁过渡期	“1106”党员联户模式	每名党员干部联系10名党员户，每名党员联系6户群众，做到联系群众全覆盖。
	“3211”服务模式	建立群众综合服务站、就业指导服务站、党员活动服务站，建立群众需求工作室、矛盾排查调处工作室，设立群众需求服务热线，搭建手机短信平台。
	“1116”活动模式	每周联系一次村民，每周到代办点为村民服务，每周开展一次有意义的活动，每年组织百姓大讲堂不少于6次。
回迁期	网络化联系党员、群众模式	村党支部书记、村主任联系村两委班子成员，村两委班子成员联系党小组长，党小组长联系党员、村民代表，党员、村民代表联系村民。
	“2＋1＋N”党组织联系群众模式	以楼为单位建立党小组，设1名党小组长，党小组长兼任楼长，一人2职；每个单元门设立1名楼门长，楼长负责联系楼门长；由楼门长负责联系多（N）户本楼门群众，确保党的工作全覆盖。

五、“四有”工作机制的启示

区委区政府适时提出“四有”工作机制，是城市化发展的必然要求，是社会管理创新的必然选择，是贯彻落实中央精神的具体体现。“四有”工作机制收到了较好的实践效果，有以下几方面原因：

一是坚持资源与机会的合理配置，实现公平和效益最大化。“四有”工作机制，一方面，在资源的配置上提出了“经营增收有资产”，使搬迁农民在利益的分配上得到了充分的尊重与保护。另一方面，在机会的配置上提出了“安置就业有岗位”“稳定生活有保障”，着力解决根本性问题，确保了搬迁农民持续发展，在资源的分配上实现效益最大化，在机会的分配上，体现了公平最大化，充分做到效率与公平的统一，搬迁农民的根本利益得到保障，保证了搬迁工作顺利推进。

二是坚持生产生活方式相互促进，推动搬迁农民市民化。生产方式决定生活方式，生活方式反作用于生产方式。“四有”工作机制的建立正是尊重了这一客观规律。把解决搬迁农民的就业作为头等大事来抓，就是通过搬迁农民生产方式的转变促进其向市民生活方式的转变。通过教育培训和丰富多彩的文化活动，加强对搬迁农民就业观念、文明礼仪、个人修养等方面的教育引导，积极促进搬迁农民市民化，促进了社会和谐。

三是坚持强化服务与创新管理相结合，推动搬迁农民利益保障机制科学化。在涉及12万人搬迁的重大问题上，坚持以人为本，创新社会管理，围绕搬迁农民最关心的长远发展以及当前安置问题，创造性提出了保障搬迁农民长远利益的“四有”工作机制，完善了服务管理措施，推动了保障搬迁农民利益长效机制的制度化、规范化、科学化，让搬迁农民充分及时地享受到经济社会发展的成果。

从某种意义上说，物质形态的问题比较容易解决，搬迁农民要在文化价值、精神形态上融入城市社会，过上幸福的城市生活，将是一个漫长的过程。这不仅需要外在结构性制度的松动和结构的行动化，更需要搬迁农民自身积极的主观行动，比如，思想观念的开放、文化道德素质的提高、民主法制意识的增强以及生活行为习惯的改变等等，来不断缩小与市民在文化价值观、行为模式等各方面的差别，成为享受现代文明的新市民。而这些林林总总、纷繁复杂工作的顺利推进，正好彰显了“四有”工作机制在当代中国社会的价值与意义。

关于进一步加强回迁社区治理的思考

朱明铮　付　峥　李　茜

大兴区委社会工委

大兴区作为首都南部城市发展新区，在建设发展亦庄新城、大兴新城、新航城，加快转变经济发展方式，实现超常规、高水平、跨越式发展的过程中，有近12万人搬迁上楼。面对如此庞大的群体，加强回迁社区建设显得尤为重要，近年来，大兴区紧密围绕“聚心、舒心、安心、称心、怡心、暖心”“六心”家园建设，实现居民服务零距离，社区治理全覆盖，利益诉求全响应。全力打造具有北京特征、新区特色、低碳绿色、文明和谐、宜居宜业的现代化回迁社区，取得明显成效。

一、基本情况

（一）回迁情况

截至2017年9月底，全区搬迁149个村，涉及4.51万户，11.62万人。已回迁125个村，3.76万户，9.8万人，回迁率84.3%。共建立回迁社区57个，80.7%回迁已满5年，具体回迁情况详见图1。

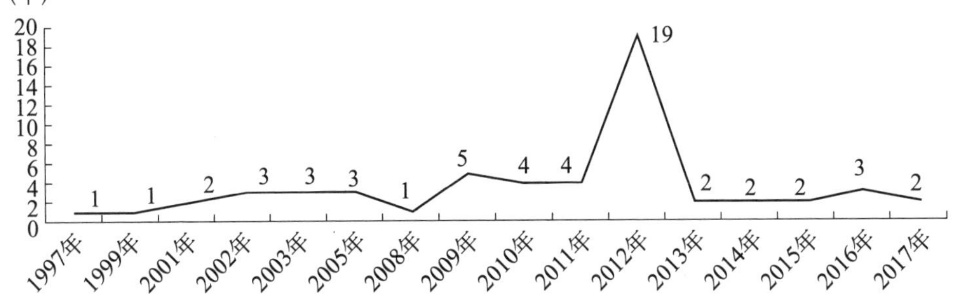

图1　1997—2017年回迁社区情况

（二）分布情况

57个回迁社区分布在8个镇、6个街道，涉及亦庄镇15个、瀛海镇10个、旧宫镇3个、西红门镇5个、黄村镇1个、庞各庄镇1个、榆垡镇1个、采育镇4个，天宫院街道2个、林校路街道2个、兴丰街道3个、清源街道4个、高米店街道3个、观音寺街道3个（见图2）。

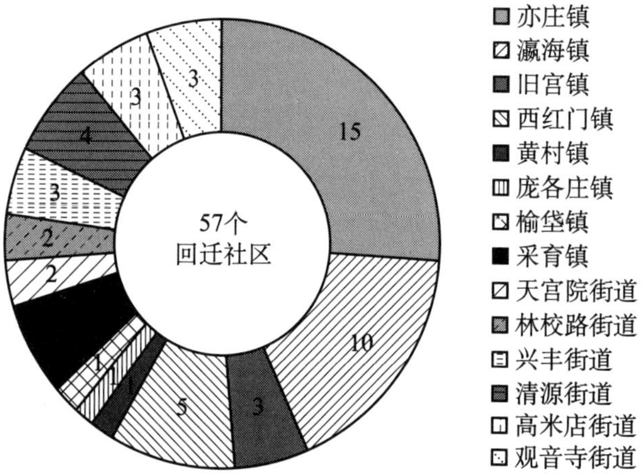

图2　大兴区回迁社区分布情况

（三）管理模式

社区管理模式呈现多元化，主要分为：村转社区、村居并行社区和农村社区三种。

1．“村转社区”

村庄整体搬迁，村民全部转居，土地全部被征占，完成产权制度改革和撤村转制的村建立的社区。原村经济组织成员中的党员关系在经济组织，发挥作用在社区，对党员实行双重管理；以社区为单位成立党组织统领社区事务，成立社区居委会，为居民服务。“村转社区”模式详见图3。

2．“村居并行社区”

村庄整体搬迁，村民回迁进入社区，土地没有全部被征占，原有村级组织设置不变，同时在回迁小区成立社区组织。原村党组织负责原村党员教育管理、经营集体资产等工作；新成立的社区党组织负责社区党员管理，成立社区居委会，为居民服务。“村居并行社区”模式详见图4。

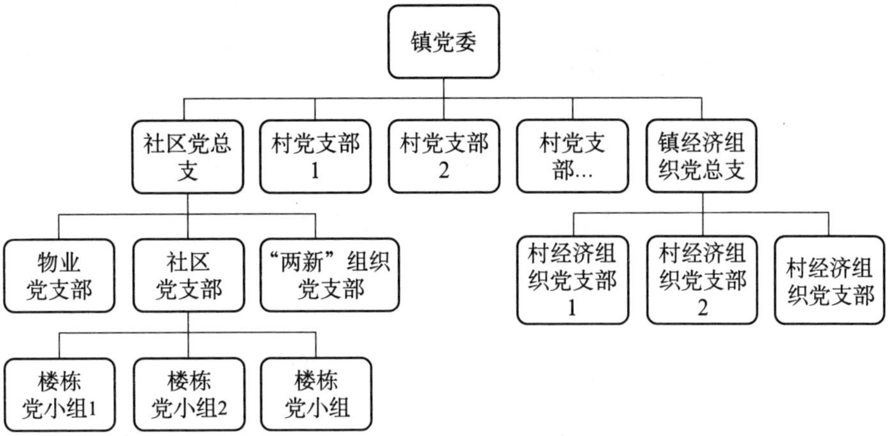

图 3 “村转社区”模式

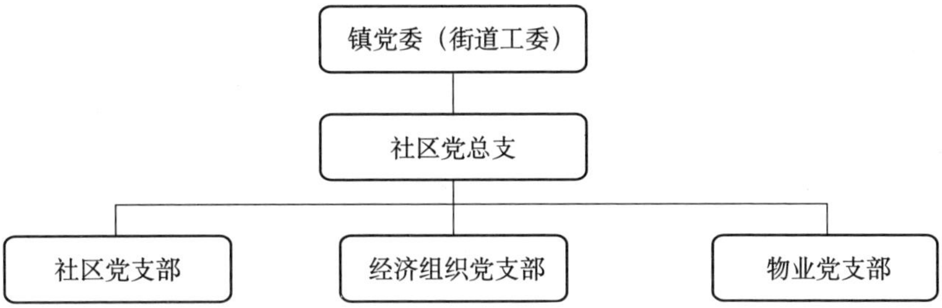

图 4 “村居并行社区”模式

3. “农村社区化”

通过镇区改造和新农村建设，村庄整体搬迁上楼，土地被集体流转，原有村级组织设置不变，回迁小区未成立社区组织，只是居住形态发生变化。保留村党支部，采取村党支部管理若干楼栋党小组的运行模式，为居民服务。“农村社区化”模式详见图 5。

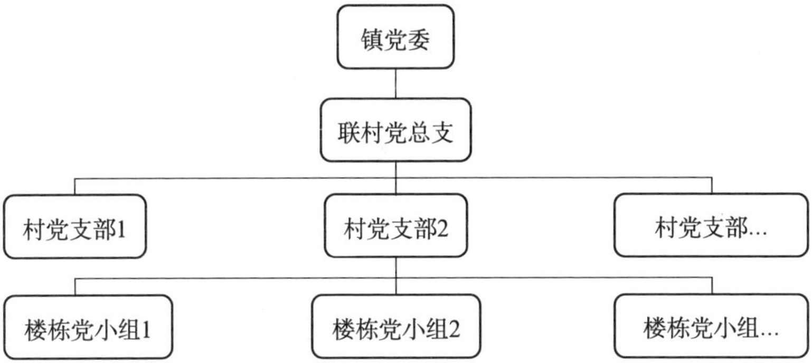

图 5 “农村社区化”模式

二、主要做法及成效

（一）加强回迁社区组织队伍建设

在保留原村级组织的基础上，加强社区组织建设。截至 2017 年 9 月底，回迁社区有党委 1 个，党总支 5 个，党支部 58 个，居委会 41 个，居委会筹备组 3 个。一是建立社区党组织。村级组织和社区组织双轨运行，党员实行双重管理。即党员组织关系在社区党组织的，由社区党组织进行培养教育，社区党组织按程序发展党员；党员组织关系在村党支部的，具有“双重身份”，实行双重管理，党员学习、活动、发挥作用在社区，同时参与村集体经济组织决策。党员既接受原村党组织的教育管理，又参加社区活动，确保组织不散、活动不断、作用不减。二是成立社区居委会。及时成立社区居委会筹备组，理顺社区服务管理事项，健全体制机制，结合社区居委会换届选举，完成居委会筹备组向居委会过渡，逐步将村委会工作职能过渡到社区居委会。三是壮大社区工作者队伍。选拔引进具有专业职业资格、实践经验丰富、善于做群众工作的社会工作人才。以培养职业化、专业化社会工作人才队伍为目标，加强职业化培训与管理，提升社区工作者专业化水平。

（二）稳步开展村居对接工作

为理顺回迁社区管理体制机制，更好地服务居民，区四有办统筹相关部门稳步推进村居对接工作。截至 2017 年 9 月底，共移交 16 个社区。一是试点移交。自 2013 年 9 月起，按照“试点先行，成熟一个推进一个”的原则，逐步将符合条件的回迁社区管理权从镇政府移交到所在辖区街道办事处。二是细化方案。制定移交工作整体时序安排，分为“移交筹备、完善基础台账、协商相关事宜、科室业务对接和签订移交协议”等 5 个阶段。三是部门联动。统筹协调区人社局、民政局、公安分局等区直部门，配合相关镇街做好数据信息转移，确保社区居民利益不受损害。四是创新模式。优化工作程序，减少重复环节，配套公建移交程序由“开发商—镇政府—街道办事处”，改为“开发商—街道办事处”。便于街道提前规划设计，更好服务居民。

（三）全面推行“六心”家园建设

以“聚心、舒心、安心、称心、怡心、暖心”为内容，开展“六心”家园创建，回迁社区整体呈现：党组织建设基本覆盖，公共服务设施明显齐全，安全治理井然有序，社区服务日渐规范，文化活动丰富多彩，居民诉求渠道畅通。一是试点先行，推进“六心”家园创建。注重实地调研，以南海家园为试点，创新服务管理机制。研究制定“六心”家园创建工作意见及百分考核标准，并将其纳入工作考核体系。二是典型带动，推进“六心”家园创建。提炼总结经验做法，编印《大兴区“六心”家园建设工作典型手册》，指导各镇开展社区“六心”家园建设工作。三是示范引领，推进“六心”家园创建。打造5个“六心”家园建设示范点，即瀛海镇南海家园社区、亦庄镇富源里社区、西红门镇兴日苑社区、黄村镇新兴家园社区、庞各庄镇御佳园社区。

（四）加快推进服务网建设

为提升搬迁村、回迁社区信息现代化服务管理水平，全面掌握搬迁村人、地、物、事、组织等情况。一是建立信息化管理平台。开发建设大兴区建设征地补偿安置信息服务网，具有镇村情况、人员信息、资产经营、组织建设、回迁安置等10余类基础信息管理功能。二是完善信息平台功能配置。开展内部板块功能需求调研，细化搬迁村人员、转非安置、征地项目及资金管理等方面系统设置，增加征地信息统计、征地补偿款管理、转非安置费用测算、回迁社区管理等功能。三是创建“互联网＋回迁社区”工作新模式。利用服务网规范全区回迁社区治理，完成全区14个镇、600余万条信息的采集录入，成功打造了“区、镇、村”三级网络信息平台，实现了全区回迁社区信息的跨部门多方共享，为规范全区回迁社区治理提供了数据支持，成为回迁社区治理的决策依据之一。

三、存在的问题

（一）社区规范化建设有待进一步加强

回迁社区规范化建设的目的是缩小城乡差距、实现城乡统筹发展，为回迁社区居民提供高水平的公共服务。不同的回迁社区在治理机制、基础设施、公共服务等方面都存在差异性，规范化治理就是要进一步理顺社区管理体制、加强基础设施建设，为回迁社区居民提供城乡均等化的公共服务。

（二）社区工作者的服务水平有待进一步提升

随着近年来各级政府对回迁社区治理的重视，回迁社区管理者队伍不断壮大，既有大学生社工，也有原村委会的工作人员，他们在提供社区化服务方面缺乏相应的经验，还没有形成适合回迁社区特点的服务模式，服务能力和水平有待进一步提高。

（三）社区居民参与社区治理的意识有待进一步提高

由于回迁社区居民大部分为搬迁村民，他们习惯性地对原村和原村委会有过多的依赖和信任，对社区缺乏归属感，对社区居委会的认同感也不高，造成社区居民参与社区治理的积极性不强，参与意识有待进一步提高。

四、意见建议

（一）推进“六心”家园建设，全面提升规范化水平

一是量化工作目标。以“聚心、舒心、安心、称心、怡心、暖心”为主要内容，将回迁社区打造成“六心”社区，2017年底达标率为90%；计划2020年底实现达标率100%。二是聚焦重点难点。围绕组织建设、公建设施配备、环境治理、服务事项、文化活动、困难帮扶6个方面，有针对性地提出工作要求及考核标准。三是推广典型经验。总结推广“六心”家园示范点经验与做法，加强工作交流，培育创新亮点，提升服务质量。四是做好回迁安置。统筹相关部门细化工作方案，平稳有序做好回迁安置工作。跟踪榆垡、礼贤2个镇、14个村回迁房与配套公建建设进度，指导镇级基层行政部门制定回迁安置方案，平稳做好回迁入住。

（二）加强社区工作者队伍建设，不断提升服务管理水平

一是加强队伍建设。集中招聘社区工作者，选优配强社区干部。二是明确任务分工。按照“职责明确、分工合理、优势互补、协调联动”的原则，合理划分职责任务，细化具体工作和服务项目。三是强化业务培训。开展职业技能培训，提升社区工作者的实务能力、专业素养和理论水平，更好地服务居民。四是落实年度考核。进一步细化考核内容，量化评分标准，做好年终考核。

（三）强化党组织领导下的社区居民自治

一是加强社区文化建设。以社区为平台，以文化活动为纽带，整合社区人

才和硬件设施资源，通过举办丰富的社区文化活动，增强社区居民的归属感，强化居民的社区主体意识。二是培育和发展社区社会组织。社区社会组织具有组织引领、协调整合、示范带动功能，在规范居民行为、扩大公众参与、提供公共服务等方面有积极作用，是推动居民参与社区治理的重要力量。三是加强社区自治的规范化、制度化建设。建立社区联席会议制度和居民参与评议机制等制度建设，让居民成为社区治理的推动者、社区工作的监督者、社区服务的受益者。

怀柔区深化街道社区管理体制改革的探索与实践

柳　娜

怀柔区委社会工委

街道、社区是城市管理的主阵地，加强以街道、社区为重点的基层建设是关系怀柔区发展的一项基础性、全局性的重要工作。随着我区经济社会的快速发展和城市化进程的不断加速，深化街道、社区管理体制改革，夯实城市管理基层基础，成为全面推进基层治理体系和治理能力创新，有效提升城市管理精细化水平的重要举措。根据市委市政府《关于全面深化改革提升城市规划建设管理水平的意见》《关于深化街道、社区管理体制改革的意见》等文件精神，按照全市统一部署，自2016年底起我区在全市范围内率先启动了街道社区管理体制改革工作，改革坚持以问题为导向，推出了优化街道内部机构设置、变更“城中村”管理主体、综合执法力量下沉、社区减负增效等多项独具特色的改革项目，实现了社区自我管理、自我教育、自我服务、能力的提升，构建了街道办事处统筹管理、协调监督、组织服务、社会动员的服务和管理平台。党的十九大召开后，区委区政府加大统筹力度，强化措施落地，进一步加强社区治理体系建设，加快推进社会治理重心向基层下移，初步实现了政府治理、社会调节和居民自治的良性互动，“街道吹哨，部门报到”的局面初步形成。

一、建立强有力的领导体系，为改革提供组织保障

成立了区委书记、区长任组长，区委区政府主管领导任副组长，区委组织部、区农委、区社会工委、区民政局等43个部门主要领导为成员的“区深化街道、社区管理体制改革领导小组”，建立了小组统筹协调、职责分工、督导检查

等工作机制，分阶段开展了对改革各项任务落实情况的督导检查，全面有效加强了对改革工作的组织领导。先后召开了40余次不同类型、不同层面的调研会、座谈会，组织有关单位负责人赴本市兄弟区以及上海静安、闵行区等多地进行学习考察，收集整理了大量基础数据，多维度、深层次分析了我区现行街道社区体制运行情况及存在问题，为改革方向的确定、各项政策制度的出台奠定了坚实基础。

二、建立完善的制度体系，为改革提供顶层设计

确立了以改革实施意见为核心，以重点任务分工方案、街道职能和机构设置及人员编制调整方案（街道综合执法力量下沉、街道管理委员会建设等）、新街道“三定”规定、社区层面改革实施方案、规范社区工作者工资待遇实施方案、“城中村”管理主体变更实施方案、完善街道财政保障机制实施意见等文件为依托的“1+N”开放式的政策体系，出台了加强城乡社区协商的实施意见、全面推进社区减负工作的实施方案等多项配套文件，为改革工作有序推进，各项任务有效落实提供了强有力的制度保障。

其中，以区委区政府名义印发的《怀柔区关于深化街道、社区管理体制改革的实施意见》，不但阐述了开展此次改革的重要意义，明确了改革的指导思想、基本原则、任务目标、保障措施，同时，分街道、社区两个层面，确定了14项改革重点任务，为改革工作定了基调、指明了方向。

三、狠抓改革措施落地，确保改革取得实效

（一）明确街道职能定位，优化内部机构设置，全面构建符合基层实际、满足群众需求的新型街道管理体制

以街道行政区划调整、“城中村”管理主体变更为切入点，进一步完善街道党（工）委、办事处职能定位，落实和强化街道统筹协调、监督评价、综合执法、公共服务、社会动员五个方面职责，增加街道统筹城乡发展等涉农方面职责，有效提升街道对辖区的社会管理和公共服务能力。将街道办事处原民主管理和监督委员会并入街道地区管理委员会，通过健全组织架构、完善工作机制、明确工作职责，进一步落实街道地区管理委员会制度，全面助推委员会作为街道层

面议事协商机构，在统筹协调辖区社会管理和公共服务事务、协调解决社区民主协商反映的重大问题等方面职责作用的有效发挥。解决街道办事处工作效率不高、群众办事不方便等突出问题，结合辖区面积、人口规模等因素，按照“精简、统一、效能、便民”的原则，推行街道内设机构综合设置，合理归并职能相近的科室，将街道行政科室由原先的9个缩减至6个，事业单位由原先的7个缩减至5个，充分实现了街道机构的优化设置。

（二）科学调整行政区划，合理变更“城中村”管理主体，顺应城市化进程的管理需要

按照《国务院关于行政区划管理的规定》《北京市民政局关于加强行政区划管理工作的意见》等有关规定，制定了《关于调整怀柔区部分地区行政区划方案》，依法将富乐大街以南、京通铁路以西、开放路以东、兴怀大街延长线以北全部区域划归泉河街道管理；将兴怀大街延长线以南，京承铁路以西、以北，开放路以东以及南华大街以南，怀河东岸以东全部区域划归龙山街道管理，全面实现了街道行政辖区与实际管理范围的统一，进一步拓展了城市发展空间。按照主体不变、权益不变的原则，将12个“城中村”由原怀柔镇就近划归泉河、龙山两街道管理，切实解决“城中村”范围内治安隐患频现、私搭乱建严重等管理难题，从根本上改变了“城中村”的治安状况及村容村貌，改善了村民的生产生活环境，确保了街道统筹协调、综合执法等职能的有效发挥，促进了城市运行、社会治安、社会服务“三网”的有效融合，为“城中村”进一步加快融入城市发展大局奠定了坚实基础。

此次划转过程中，为最大限度保障村民、村集体权益，在对村级事务的管理方面我区采取了“三个不变”的方针，即调整后村民依法享有的民主选举、民主决策、民主管理、民主监督等政治权利保持不变，村民在村里享有的经济利益、公共服务等保持不变，村集体土地、林地和集体资产的所有权、管理权和收益权保持不变。此外，在服务保障方面，村民除可享受所属街道提供的各项公共、公益、便民服务外，还可在居住地按属地原则就近享有相应服务。

（三）推进社区减负增效，增强社区服务功能，全效提升社区管理服务水平

针对当前社区承担的行政性任务随意性大、负担过重等问题，成立了社区减负增效专项工作领导小组，明确了职责分工，召开了动员部署大会，形成了《怀

柔区社区减负工作调研报告》，制定出台了《怀柔区全面推进社区减负工作方案》等政策文件，开展了社区减负落实情况督查，切实厘清了政社职责，减轻了社区负担，初步形成了社区党委领导、居委会自治、社区服务站承载的运行机制。为方便社区工作开展，我区还依据《北京市民政局、中共北京市委组织部关于进一步开展社区减负工作的意见》（以下简称《意见》）等相关法律依据，对《意见》中明确指出社区居委会必须开展的《社区依法协助政府工作主要事项》等30余项内容所涉及的40余条款、50余条法律法规进行补充说明，为减负工作推进提供了有力的法律依据。以满足居民需求为导向，以丰富服务内容为重点，提高社区居委会服务能力，强化社区服务站功能，加快社区服务信息化建设，拓宽社区服务领域，完善社区服务提供方式，建立社区居民、驻区单位等对社区居委会服务的评价指标体系，以居民满意不满意为最终衡量指标，逐步推动实现社区服务项目化管理、社会化运作。调整和优化社区规模，按照便于管理、便于服务、便于居民自治的原则确定管辖范围，撤销青春苑、梅苑两个1 000户以下社区，新设龙祥、新贤家园两个新建住宅区社区，实现了对社区居民的无缝隙管理和服务。

（四）整合力量、重心下移，建立综合执法中心，健全和完善街道统筹执法体制机制

针对街道承担任务不断增加、属地责任无限扩大造成的“看得见的管不了，管得了的看不见”等问题，按照“重心下移、职能下沉、街道统筹、综合执法”原则，剥离街道办事处专业管理职责，厘清街道办事处与专业部门之间的行政执法责任，通过在公共安全和环境秩序领域，建立街道城市管理综合执法中心，进一步健全街道联合执法机制，最大限度整合行政执法资源，强化街道综合执法能力，实现了条块结合、以块为主的管理体制，推动了城市管理的真正下移、下沉。

在执法中心机构建设方面，中心主任由街道办事处主任担任，常务副主任由办事处分管领导担任，副主任由区直相关部门或派出机构负责人担任。中心执法力量由街道执法队、中心常驻部门和中心挂牌部门三部分组成。其中：

街道执法队，是将原城管街道执法队，在派出机构性质、名称、编制类型不变的前提下，由区城管统一管理，调整为以街道办事处为主的双重管理，业务上接受区城管执法局的指导和监督，成为“街属、街管、街用”的街道日常执法力量。“街属”即街道城管执法人员的人事、组织、工会关系等全部转入街道，由街道统筹协调、统一指挥，实现属地管理，并将其纳入职务与职级并行制度的实

施范围。街道执法队使用的行政执法专项编制同步划转至街道，纳入街道办事处编制总额。“街管”即街道执法队人事任免、人员考核、岗位设置、人员交流等由街道负责，在充分征求区城管执法监察局意见的基础上，按有关程序执行。按照费随事转的原则，调整街道执法队伍的经费渠道，实现事权与财政保障相适应。“街用”即街道办事处直接组织、指挥街道执法队依法、依规、按程序开展执法。街道办事处可根据实际需要，采取招用或劳务派遣等形式配置执法协管人员，数量不超过在编人员，并随改革的阶段性推进逐步减少。

中心常驻部门，主要由基层执法任务重、与街道执法联系紧密的公安、食药、工商、司法、安监、环保、交通、消防 8 个部门的派驻人员构成。前 4 个部门派驻人员为原街道派出机构工作人员，接受综合执法中心的指挥调遣；后 4 个部门根据工作需要，抽调 1 名以上业务骨干，在综合执法中心设立工作席位，接受调遣参与联合执法。常驻人员派驻街道时间不少于 2 年，派驻期间，党组织关系随转街道，由街道统一管理和考核。

中心挂牌部门，由市政市容管委会、住建、文化委、规划、国土、质监、国税、地税、卫生计生 9 个与街道执法联系不太紧密的部门指定的联络专员构成，负责定期参加会议，协助解决地区城市管理中的各种问题。

在执法机制及责任划分方面，中心按照“执法主体不变、街道统筹协调”的模式开展综合执法。在综合执法过程中强调属地管理，实行条块结合、以块为主的管理方式，突出以块为主的街道综合管理主体责任。街道办事处牵头负责综合执法过程中的组织领导、综合协调、监督检查等工作。区城管执法局则需加强对街道城市管理执法工作的业务指导、专门培训和执法监督；开展重大执法行动时，区城管执法局对街道执法队具有跨区域的调动指挥权。区城管直属执法队，负责对街道城市管理执法工作的督察，以及跨区域及重大复杂违法案件的查处。街道执法队以区城管执法局的名义进行执法，相关行政复议和应诉的具体事务由街道办事处负责办理。有关职能部门负责开展具体执法工作，承担相应执法责任。

在对中心成员履职情况的监管方面，结合街道监督评价职能发挥工作的需要，将街道对中心常驻及挂牌部门工作情况的考核评价和民主评议作为专项考核内容，纳入《怀柔区 2017 年度政府绩效管理工作实施方案》。

（五）加强“两中心”建设，提升公共服务水平，有效满足居民群众各项服务需求

加强街道全程代办受理办公室标准化建设，建立直接面向群众的“一站式”

综合性服务管理平台，探索建立全程代办受理办公室协同办理机制，逐步实现同类别公共服务事项在全区各街道办事处通办，为群众提供便利。加强街道社区服务中心标准化建设，推进街道社区服务中心社会化改革。成立了区社区服务社会化改革领导小组，建立了动态监测、绩效评价等工作机制，研究制定了《怀柔区社区服务社会化运营实施方案》，在全区 5 个街中心、35 个社区全面开展了社区服务社会化运营试点工作，支持试点地区因地制宜探索符合本地实际、具有推广价值的服务发展模式，创新服务内容和提供方式，拓宽社区服务社会化运营渠道。

为构建“政府出资购买、社会组织运营、全程跟踪评估”社区服务运营模式，实现区社区服务中心职能转变，2016 年底，根据社区特殊群体需求，采取机构委托和项目委托等方式，先后投入资金 200 余万元组织开展了“心系扶桑”、“千人跑腿”、未成年人帮扶和流浪乞讨人员志愿救助等多项公益爱心服务项目，取得了良好的社会效应。各街道社区服务中心也积极探索，甄选、组织辖区内有资质、有口碑、专业性强、服务质量高的社区服务商或社会团体开展了数十项社区服务活动，不仅为居民提供了可靠的服务，同时也促进了各服务商服务质量、服务素质的提升，助推了辖区社区工作健康发展，赢得了居民满意。

（六）健全多元参与机制，增强社会动员能力，充分发挥社会力量在社会治理中的积极作用

创新街道社会动员体制机制，健全社会动员网络，充分发挥社会组织、志愿者组织、驻区单位和居民群众等各方力量在社会治理中的作用，形成共同治理的良好局面。社区志愿服务活动实现常态化开展，广大志愿者在区域环境整治、辖区治安巡逻、“一带一路”等历次重大会议维稳安保工作中均发挥了巨大的、不可替代的作用。共培育发展“邻里情俱乐部”、“星光老年服务社”、“红支点”志愿服务社等各类社区社会组织近 200 支，参与居民 16 000 余人，社区每万人拥有社会组织数达到 15 个。怀柔区全部住宅小区均组建了业主大会，推行了业主大会、业主一卡通和专项维修资金归集“三个全覆盖”，在全市率先实现了社区党组织领导下的居委会、业主委员会、物业公司一体化的社区工作新模式。

（七）完善财力保障机制，建立新型财政体制，全面推动街道综合管理制度改革不断深化

按照促进发展、依法规范、提升统筹能力、事权财力相匹配的原则，结合街道体制改革与发展工作要求，及具体辖区面积、人口规模、职责职能变化情况，

进一步理顺财权事权，加强预算管理，建立符合街道发展的经费投入和保障机制，不断增加对街道基层公共服务、日常运转等的保障性投入，使公共财政保障范围最大限度向基层扩大延伸，促进街道、社区事业健康发展，推动街道综合管理制度改革不断深化。健全政府购买社会服务评价机制，由区民政局、区社会工委牵头，对市、区“三社联动”等项目开展情况、取得成效、财政资金落实等情况进行跟踪评估，有效建立了政府购买社会服务评价机制。

（八）完善社区治理体系，提升社区治理能力，大力夯实城市管理基层基础

理顺组织关系，提升服务能力，努力构建社区党组织领导核心地位突出，居委会主体组织作用发挥充分，社区服务站服务功能专业，三者有机统一、分工合理、优势互补、协调联动，“三位一体”的社区治理组织新形式。建立社区力量协商共治工作机制，扩大基层群众自治范围，出台了《关于加强城乡社区协商的实施意见》，怀柔普遍建立了机构健全、制度完善、流程顺畅、活动常态化开展的规范社区议事厅，健全和完善了社区协商成果落实评估反馈、“下评上”考核评议等工作机制，组织开展了社区协商与街道协商联动试点工作。落实工资待遇，推行规范化管理，夯实和强化社区建设人才基础。创建了社工人才基本信息库，健全了社工工资审核变动备案机制，初步建立了科学合理的社工工资待遇增长体系。2016 年年底前，按照上年度平均工资 70％的标准完成了社工工资待遇调整工作，社工工资由原先的人均 53 366 元/年，增长为 59 527 元/年，增幅为 11.54％。同时，为充分调动广大社工工作的积极性，怀柔区还按照不低于年度应发工资总额 15％的比例标准，确定了年终绩效奖金制度，有效保障了社区工作队伍的稳定性。

我区将继续完善街道地区管理委员会职能，健全“街道吹哨，部门报到”的制度体系，巩固社区减负成果，最终实现街道、社区职能回归本位，基层社会治理水平稳步提升。

城中村和城乡接合部地区社会动员机制的实践探索

——以延庆区延庆镇为例

李 浩

延庆区延庆镇

社会治理与城市化相伴而生。我国社会治理工作走在前列的，基本都是城市化水平较高和城市化进程较快的地区，尤其是北京、上海、重庆、广州、深圳等超大城市。社会动员是社会治理的子概念，是关系社会治理全局的方式方法，同样也随着城市化而快速发展。比如北京城区的社会动员工作就比远郊区发展得要快，这是城市化发展规律，也得益于近年来北京市在上百个街道开展社会动员试点工作。但社会治理不仅限于城市地区，农村也有社会治理工作，也需要开展社会动员，尤其是在城中村和城乡接合部。

一、延庆镇是延庆区的城中村和城乡接合部，需要创新社会动员机制

延庆镇是延庆城区所在地，周边与四个乡镇交界，是全区政治、经济、文化中心。2009 年 10 月，从镇域内划分出三个街道办事处后，城市形态交给了街道，留下的是城中村和城乡接合部。镇辖 45 个行政村中，李四官庄等 5 个村已拆迁，胜利街等 15 个村是城中村，司家营等 25 个村是城乡接合部。全镇现有常住人口约 5.7 万人。

延庆镇下辖各村的主要特点是：土地已被征用或有不多的土地，或按城市规划即将失去土地；农村成员以从事二、三产业为主，尤其以“4050”公益岗位就业和生态就业居多；越来越多的村民逐步“上楼”居住，成为保留农民身份的“居民”，城中村尤其如此。面临的主要问题是：传统农村社会结构发生变化，以

土地和农业为纽带来动员组织农民的方式逐渐失灵；随着外来人口的增多和二、三产业的发展，城中村和城乡接合部的社会治安、矛盾纠纷、安全生产、消防安全等方面的风险隐患逐渐凸显。

面对这些新情况、新问题，延庆镇及其下辖各村亟须在加快城镇化建设的同时推动社会治理体制改革，通过创新社会动员机制，把失地农民重新组织起来、动员起来，引导他们逐步转向城镇居民生活方式，早日实现从城中村、城乡接合部村民向延庆新城居民的转变。

二、延庆镇结合实际，建立健全“网格化＋志愿服务”的社会动员机制

（一）成立志愿团队，动员广泛参与

延庆镇以问题和需求为导向，把城市地区成熟的志愿服务理念和方法引入城中村和城乡接合部，以平安建设工作带动社会治理整体工作，创造了符合自身实际的志愿服务品牌——“平安侠”。通过整合各方力量，成立了镇级“平安侠”志愿服务总队和下辖各村级“平安侠”志愿服务队，以平安中心户长为骨干，把保洁员、护林员、水管员等生态管护力量吸纳到“平安侠”队伍中，同时，广泛动员村“两委”干部、镇包村干部、巡防队员、流管员、专职安全员、大学生村官、农村各大员、村民代表、老干部以及有志愿精神的群众加入“平安侠”队伍。目前，已有 3 500 余人成为延庆镇“平安侠”。他们以无私无畏的侠义担当，活跃在 45 个村的群防群治、清空净水、结对帮扶、邻里守望一线，服务一方百姓，守护一方平安。

（二）推行网格化管理、组团式服务

延庆镇按照约每 50 户为一个网格，将全镇 45 个村划分为 320 个网格。将“平安侠”志愿服务与网格化结合起来，开展“网格化＋志愿服务”行动，让所有“平安侠”实名制入格，接受网格长的统一调度，按照“网格化管理、组团式服务”的模式，组团承包综治维稳、矛盾调解、社会防火、森林防火、安全生产、环境卫生、清空净水、社会服务等工作，推进了精细管理，落实了网格责任。“平安侠”志愿者按照“发现、上报、处置”的流程开展日常工作，能及时处置的就及时处置，不能及时处置的由镇级协调处置，基本实现了“小事不出村，大事不出镇”。目前，延庆镇正在建材城、加油站、交通枢纽、施工工地、

养老院、民俗户等216个专业网格中组建“平安侠”队伍，全镇网格将增加至536个。此外，延庆镇还开通了“平安延庆镇”微信公众号，正在开发“隐患举报”“爱心企业”“曝光台”等功能，动员公众参与隐患举报，宣传公益企业典型，曝光安全隐患大、社会诚信差的单位，努力提升“社会协同、公众参与”的内生动力。

（三）帮扶弱势群体，开展邻里守望

2017年，延庆镇“平安侠”队伍在各村广泛开展以“邻里守望相助”为主题的志愿服务项目，重点面向空巢老人、独居老人、孤寡老人和困境儿童等“一老一小”困难群体提供以安全保障为特色的邻里守望服务，并将服务范围辐射至全镇村（居）民。该项目获得市社会建设专项资金支持。在村党支部领导、村委会组织下，“平安侠”志愿者到村中宣传安全知识，到“一老一小”家中检查炉具、灶具和电气线路，开展预防煤气中毒、用火用电安全知识宣传和便民服务，举办老年人智能手机培训班，讲授智能手机和防诈骗知识，受到“一老一小”和广大村民的普遍欢迎。越来越多的村民申请加入“平安侠”队伍，越来越多的村民经常到村委会活动，越来越多的村民更加紧密地团结在村党支部周围。村党支部、村委会在农村治理中的战斗堡垒、自治枢纽作用发挥得更加顺畅有效。以社会动员为特点的平安志愿服务已蔚然成风。同时，延庆镇结合今年“一带一路”国际合作高峰论坛、十九大服务保障和维稳安保工作，广泛动员机关、事业单位、企业、社会组织和农村参与群防群治，在重大活动社会动员机制建设方面积累了丰富经验，“延庆平安侠，百姓守护神”逐步在妫川大地形成生动实践。

三、完善城中村和城乡接合部地区社会动员机制，需要建好农村的“四梁八柱”

现行的城市政策和农村政策，对于城中村和城乡接合部来说，都不能完全适用，存在“政策盲区”现象。但从整体来讲，城中村和城乡接合部的核心问题仍是土地问题，管理体制还是农村管理体制。因此，完善城中村和城乡接合部的社会动员机制，不能光靠志愿服务，必须把农村各类基层组织的改革动力激发出来，必须动员广大农民，特别是失地农民积极参与。这就需要依靠强有力的组织，需要运用切实有效的方法，说到底就是需要体系和能力现代化。就像农村盖房需要“四梁八柱”一样，农村治理体系和治理能力现代化，就是要把农村治理

的“四梁八柱”建好。现代化的农村基层组织就是“四梁”，现代化的农村工作方法就是“八柱”。

关于现代化的农村基层组织，《村民委员会组织法》中明确提出，农村基层组织包括农村党组织、村民委员会、集体经济组织、村务监督委员会。可以说，把农村党组织、村民委员会、集体经济组织、村务监督委员会这“四梁”建好，就是农村治理体系现代化。在城中村和城乡接合部，尤其要把“四梁”架稳。具体而言，就是要在农村党组织的领导下，充分发挥村委会的村民自治组织作用，组织和动员村民自我管理、自我教育、自我服务，积极参与农村建设、改革和治理；把农村经济建设的职能交给集体经济组织，让村委会有更多的精力去抓自治，由集体经济组织具体负责推动城中村和城乡接合部的产业转型，由村委会具体负责社会治理和为民服务；充分发挥村务监督委员会的作用，防止集体经济粗放式发展，让农村治理在绿色生态、民主法治和公平公开的框架下运转得更顺畅。

关于现代化的农村工作方法，就是《村民委员会组织法》中明确提出的村民会议、村民代表会议等会议制度，村民自治章程、村规民约等规范守则，和十九大报告中强调的农村基本经营制度、农村土地制度、农村集体产权制度、农业农村现代化等制度性设计和现代化方法。可以说，把村民会议、村民代表会议、村民自治章程、村规民约、农村基本经营制度、农村土地制度、农村集体产权制度、农业农村现代化这“八柱”建好，就是农村治理能力现代化。在城中村和城乡接合部，尤其要把“八柱”筑牢。具体而言，就是要以村民自治为核心，用好用活村民会议、村民代表会议、村民自治章程、村规民约，尤其是要发挥村民自治章程和村规民约的作用，不但要管本村村民，还要管外来人口和“六小门店”等驻村企业，要让大家在享受村集体资源的同时承担相应的集体责任和社会责任；就是要围绕集体经济转型，巩固和完善农村基本经营制度，深化农村土地制度改革，深化农村集体产权制度改革，加快推进农业农村现代化，重点是疏解工业大院、散乱污企业，清除“三合一”、群租房等重大隐患，转变粗放发展方式，防止城中村和城乡接合部“野蛮生长”，探索一条用活土地政策、发展绿色产业、壮大集体经济、符合本地实际的新路，大力推进城乡融合发展。

下一步，延庆镇将在巩固“网格化+志愿服务”的社会动员机制基础上，建立健全农村治理现代化的“四梁八柱”，不断激发农村各类组织的改革动力，广泛动员农民甚至新居民积极参与农村治理，为群众创造更加充实、更有保障、更可持续的获得感、幸福感、安全感。

图书在版编目（CIP）数据

北京社会建设研究与探索/中共北京市委社会工作委员会组编．—北京：中国人民大学出版社，2019.10
ISBN 978-7-300-27177-4

Ⅰ．①北…　Ⅱ．①中…　Ⅲ．①社会发展－研究－北京　Ⅳ．①D671

中国版本图书馆 CIP 数据核字（2019）第 168272 号

北京社会建设研究与探索
中共北京市委社会工作委员会　组编

出版发行	中国人民大学出版社		
社　　址	北京中关村大街 31 号	**邮政编码**	100080
电　　话	010－62511242（总编室）		010－62511770（质管部）
	010－82501766（邮购部）		010－62514148（门市部）
	010－62515195（发行公司）		010－62515275（盗版举报）
网　　址	http://www.crup.com.cn		
经　　销	新华书店		
印　　刷	北京昌联印刷有限公司		
规　　格	170 mm×240 mm　16 开本	**版　　次**	2019 年 10 月第 1 版
印　　张	11.75 插页 1	**印　　次**	2019 年 10 月第 1 次印刷
字　　数	208 000	**定　　价**	68.00 元